지구를 숨 쉬게 하는
바람

적도 지방은 더 뜨거워지고

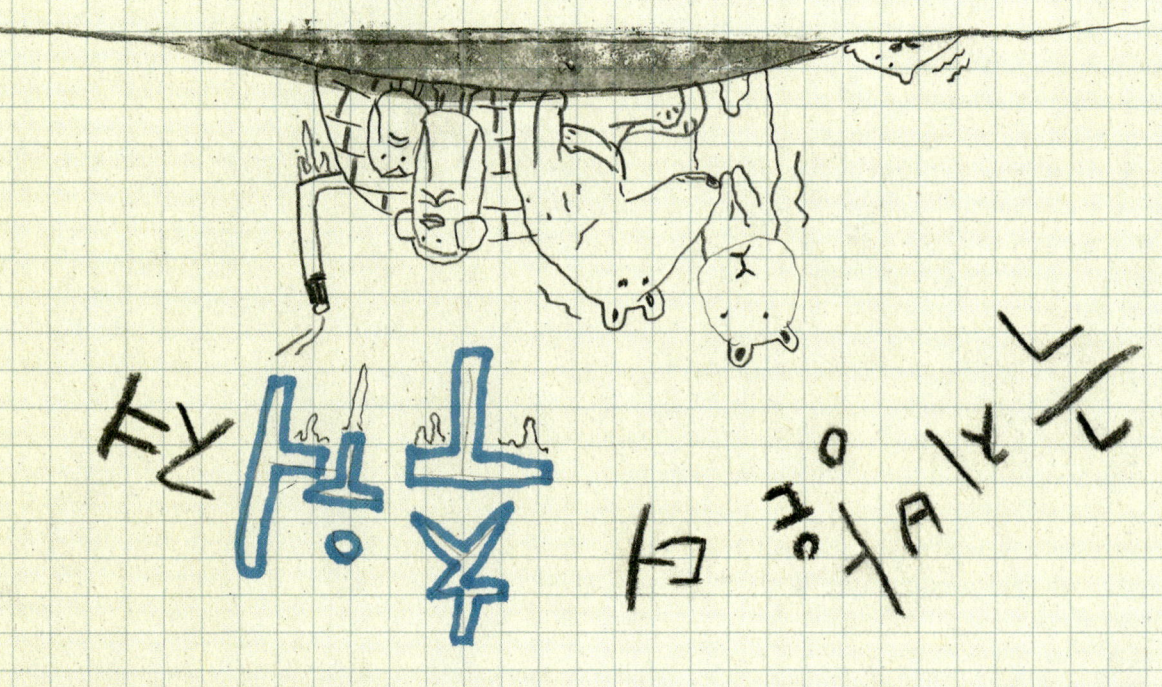

햇볕은 지구를 따뜻하게 데워 줘. 특히 적도 지방을 뜨겁게 데우지.
바람은 적도 지방의 뜨거운 열을 지구 전체로 옮겨 줘.
그런데 만약에 바람이 불지 않는다면 뜨거운 열을 옮겨 주지 못하니까
더운 곳은 더 더워지고 추운 곳은 더 추워질 거야.

극지방은 더 추워져

사막의 멋진 풍경도 볼 수 없을걸

뱀처럼 구불거리는 모래밭, 초승달 모양의 커다란 모래 언덕, 버섯 모양이나 무지개다리 모양의 바위. 이 멋진 사막 풍경은 모두 바람이 만든 거야. 사람이 이런 바위와 모래 언덕을 사막에 만들려면 수많은 사람이 몇 달 동안 매달려 망치와 끌로 바위를 쪼고 모래를 실어 날라야 할걸.

도시 사람들은 모두 기관지염에 걸릴 거야

부릉부릉, 빠라바라밤~! 피자 배달 오토바이가 지나가면 메케한 냄새가 코를 찔러. 자동차가 많은 도로 주변에 있으면 목이 따끔따끔하지. 오토바이와 자동차에서 나오는 매연이 공기를 더럽히기 때문이야. 바람이 불지 않으면 도시는 온갖 매연으로 가득할 거야. 그럼 사람들이 모두 기관지염에 걸릴지도 몰라.

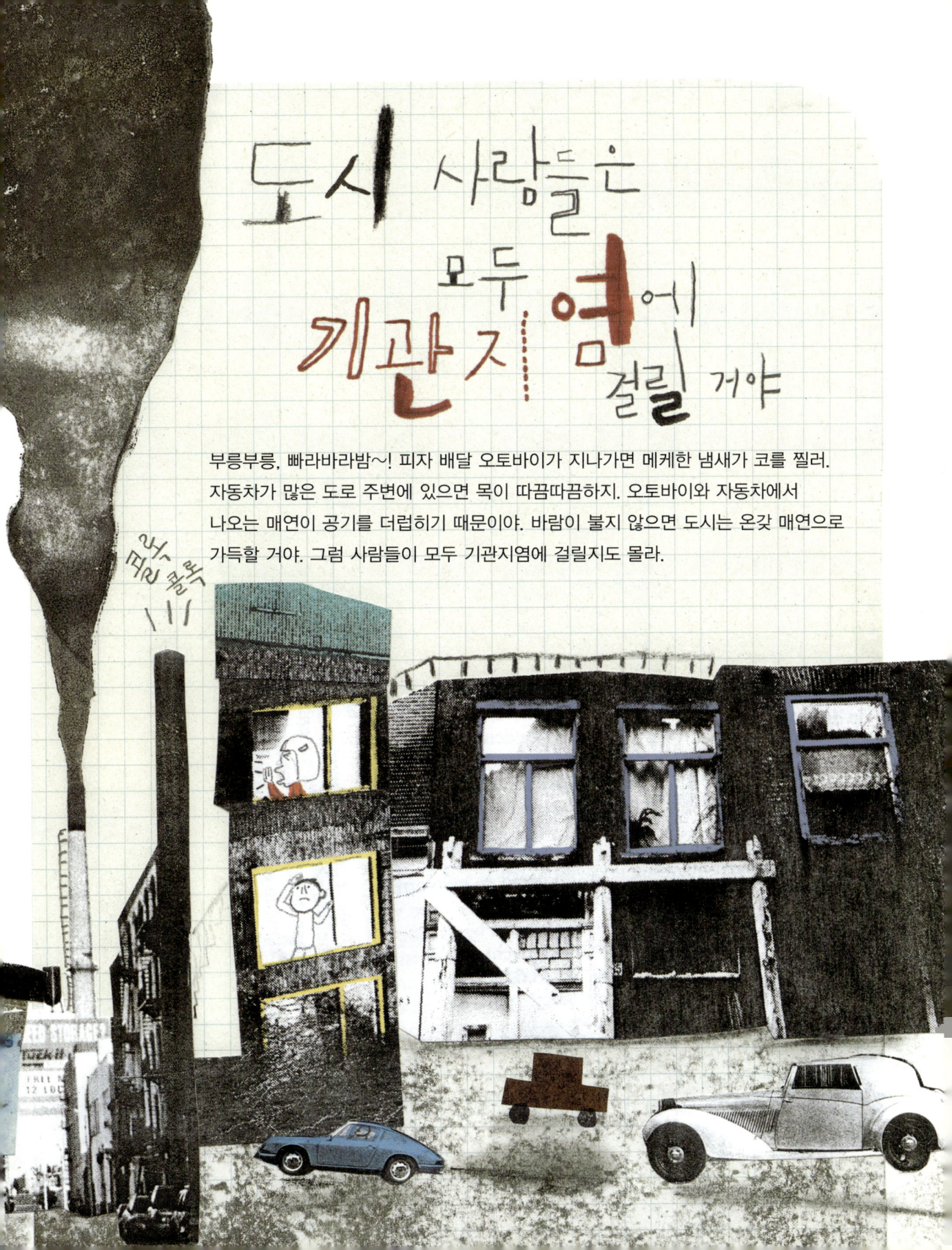

웅진 주니어

야무진 과학씨 2 **지구를 숨 쉬게 하는 바람**

초판 1쇄 발행 2010년 4월 7일 | **초판 38쇄 발행** 2024년 2월 27일

글 정창훈 | **그림** 김진화 | **기획** 아우라

발행인 이봉주 | **도서개발실장** 안경숙 | **편집** 아우라(김수현 이혜영 이민화 조승현)
디자인 인앤아웃(김화정 김미선) | **마케팅** 정지운, 박현아, 원숙영, 김지윤, 황지영 | **제작** 신홍섭

펴낸곳 (주)웅진씽크빅 | **주소** 경기도 파주시 회동길 20 (우)10881
문의전화 (031)956-7403(편집), (031)956-7569, 7570(마케팅)
홈페이지 www.wjjunior.co.kr | **블로그** blog.naver.com/wj_junior | **페이스북** facebook.com/wjbook | **트위터** @new_wjjr
인스타그램 @woongjin_junior | **출판신고** 1980년 3월 29일 제406-2007-00046호 | **제조국** 대한민국

ⓒ 정창훈 2010 (저작권자와 맺은 특약에 따라 검인을 생략합니다.)
ISBN 978-89-01-10664-9 74400 / 978-89-01-10292-4 (세트)

웅진주니어는 (주)웅진씽크빅의 유아 · 아동 · 청소년 도서 브랜드입니다.
이 책은 저작권법에 따라 보호받는 저작물이므로 무단전재와 무단복제를 금지하며
이 책 내용의 전부 또는 일부를 이용하려면 반드시 저작권자와 (주)웅진씽크빅의 서면 동의를 받아야 합니다.

잘못 만들어진 책은 바꾸어 드립니다.
※주의 1_책 모서리가 날카로워 다칠 수 있으니 사람을 향해 던지거나 떨어뜨리지 마십시오.
    2_보관 시 직사광선이나 습기 찬 곳은 피해 주십시오.
웅진주니어는 환경을 위해 콩기름 잉크를 사용합니다.

지구를 숨 쉬게 하는 바람

글 정창훈 그림 김진화

웅진 주니어

야무진 과학씨 바람으로 변신!

안녕? 내 이름은 푸후. 난 작고 귀여운 바람이야.

"푸~후!" 하고 내 이름을 불러 봐! 작은 바람이 불 거야.

어찌 보면 네가 내쉬는 숨도 바람이라고 할 수 있어.

세상에 숨 쉬지 않고 살 수 있는 생물은 없어.

그러니까 나는 생명의 바람인 셈이야.

지금부터 나와 함께 바람 친구들을 찾아 떠나 볼까?

출발! 휘리릭~

차례

바람이 뭐지?

16 _ 돌아다니는 공기, 바람

20 _ 공기 덩어리의 힘겨루기

25 _ 바람의 방향과 세기

안녕? 바람 친구들

32 _ 바닷가의 두 친구 : 바닷바람과 뭍바람

38 _ 여름 친구와 겨울 친구 : 계절풍

44 _ 고집 센 바람과 고집 센 사람 : 무역풍

바람은 너무 바빠!

54 _ 구름과 비를 만드는 바람

60 _ 추위와 더위를 몰고 오는 바람

62 _ 구름도 울리고 농민도 울리고

64 _ 열을 골고루 나누어 주는 바람

65 _ 지구를 조각하는 바람

69 _ 미래 에너지, 바람

바람이 화났어!

76 _ 도로시와 토네이도

82 _ 바람 대장, 태풍

89 _ 열병에 걸린 지구

94 _ 난폭해진 바람을 달래려면

102 _ 마치며

104 _ 야무진 백과

106 _ 작가의 말

바람이 뭐지?

사람은 공기의 바다에서 살고 있어. 물이 흐르듯 공기도 흐르지.
공기가 이곳에서 저곳으로 흐르는 게 바람이야. 공기는 보이지 않아.
바람도 보이지 않지. 하지만 바람은 느낄 수 있어.
나뭇가지가 흔들리고, 머리카락이 날리는 것은 바람이 불기 때문이야.
물은 높은 곳에서 낮은 곳으로 흐르는데 바람은 어디에서 어디로 흐를까?
또 바람은 어떻게 생기는 걸까?

돌아다니는 공기, 바람

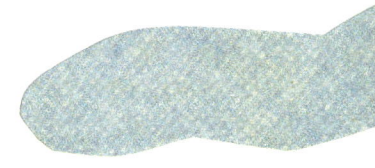

　바람 친구들을 찾아 떠나기 전에 먼저 할 일이 있어. 미리 공부 좀 하고 떠나자고. 에이, 얼굴 찌푸리지 마! 우리 바람 세상에는 "아는 만큼 친해진다."라는 말이 있어. 사람 세상에도 이와 비슷한 말이 있던데, 너도 들어 봤지? 바람과 좋은 친구가 되려면 바람이 뭔지, 또 어떻게 생기는지 정도는 알아야 하지 않겠어? 그래야 우리를 잘 이해할 수 있지.

지구는 공기로 둘러싸여 있어. 눈에 보이지는 않지만 두터운 공기 옷을 입고 있는 것과 같아. 이렇게 지구를 둘러싸고 있는 공기를 좀 어렵게 말하면 **대기**라고 해.

대기권은 지구를 둘러싸고 있는 공기의 층으로, 이렇게 넷으로 나뉘어 있어.

1000km
열권
80km
대기권
중간권
50km
성층권
10km 대류권(날씨 변화가 일어나는 곳)
0 에베레스트 산

사람은 공기 없이 살 수 없어. 숨을 쉬어야 하잖아. 마찬가지로 공기 없이는 우리 바람도 없어. 공기가 움직이는 게 바람이거든. 즉, 공기의 흐름이 바람이야. 어찌 보면 우리 바람과 공기는 같은 거라고 할 수 있어. 공기가 돌아다니면 바람이고, 바람이 멈추면 그냥 공기인 거지.

바람은 공기의 흐름이야.

우리 바람은 어느 곳에나 득시글거려. 공기가 있는 곳이라면 어디나 우리가 있지. 바람끼리는 모두 친구야. 한번은 내가 친구가 모두 몇인지 세어 보려고 한 적이 있어. 바로 포기하고 말았지만 말이야. 내 머리가 나빠서 포기한 건 절대 아니야. 바람 친구들은 세상 구석구석 없는 곳이 없을 만큼 많아. 그래서 그 수를 세기 어려워. 게다가 이리저리 돌아다니기도 하고 여기저기서 불쑥불쑥 나타나기도 하니까 누가 누군지 자꾸 헷갈려서 포기한 거야.

숲 속에서 짓궂게 나뭇가지를 흔들고 달아나는 친구, 바다에서 신 나게 파도타기를 하는 친구, 흙먼지와 뒤엉켜 빙글빙글 춤을 추는 친구, 솔개보다 더 높이 날겠다며 하늘 높이 솟아오르는 친구,

캄캄한 동굴 속에서 박쥐 떼를 몰고 나오는 친구, 까마득히 높은 하늘 위에서 천천히 움직이는 거대한 몸집의 친구도 있다니까.

우리 바람은 아주 활기차. 하지만 언제나 그런 건 아니야. 여기저기 신 나게 날아다니다 힘이 빠지면 금세 사라져. 그러다 다시 힘을 얻으면 언제 사라졌냐는 듯이 활기차게 날아다니지.

우리가 힘을 얻기도 하고 잃기도 하냐고? 물론이지. 그럼 이제 우리 바람이 어떻게 힘을 얻는지 이야기해 줄게.

공기 덩어리의 힘겨루기

공기가 움직이니까 바람이 생기는 거라고 했지. 그럼 공기는 왜 움직이는 걸까? 그걸 이해하려면 먼저 기압이 무엇인지 알아야 해. **기압**은 공기가 누르는 힘, 즉 공기의 압력이야.

**공기가 적으면 누르는 힘이 약해서 기압이 낮아.
반대로 공기가 많으면 누르는 힘이 세서 기압이 높지.**

그런데 가벼운 공기가 무슨 힘이 있냐고? 공기를 너무 우습게 아는군! 좋아, 그렇다면 공기의 힘이 얼마나 대단한지 실험을 하나 해 보자고.

공기의 힘으로 페트병을 찌부러뜨리기

빈 페트병

잠깐!
페트병에 담긴 내용물을 일부러 따라 내지 말 것. 부모님께 혼날 수 있음!

준비할 것이야.

빈 페트병 한 개(작은 생수병이면 더 좋음.)

이렇게 실험해 봐.

페트병 입구에 입을 대고 공기를 힘차게 빨아들이는 거야. 이때 손으로 페트병을 누르면 안 돼. 손으로 병을 살짝 받쳐 들기만 하렴.

이렇게 될 거야.

손으로 누르지 않았는데도 페트병이 찌부러져. 페트병 안의 공기를 세게 빨아들일수록 더 많이 찌부러질걸.

왜 이런 일이 일어날까?

페트병 안팎의 기압이 같아.

빈 페트병은 안이 텅 빈 것처럼 보이지만, 사실은 공기가 가득해. 페트병 안의 공기는 페트병을 바깥쪽으로 밀고 있지. 이 힘이 바로 기압이야. 그런데 왜 페트병이 불룩해지지 않을까? 그건 페트병 밖의 공기도 페트병을 안쪽으로 밀고 있기 때문이

페트병 밖의 기압이 높아서 안쪽으로 찌부러져.

야. 페트병 안과 밖의 기압이 같은 거지. 그래서 페트병이 찌부러지지 않고 모양을 유지하고 있는 거야.

그런데 페트병 안의 공기를 빨아들이면 당연히 페트병 안의 공기가 줄어들겠지? 이렇게 공기가 줄어들면 기압이 낮아져. 그럼 페트병 밖의 기압이 안의 기압보다 높아. 이 말은 페트병의 바깥쪽에서 미는 힘이 안쪽에서 미는 힘보다 세다는 뜻이야. 결국 페트병은 누르는 힘이 센 바깥쪽에서 안쪽으로 찌부러지는 거야.

페트병은 아무나 찌부러뜨릴 수 있을 정도로 약하다고? 이런, 아직도 공기를 우습게 보는군! 그렇다면 페트병 대신 철판으로 만든 커다란 드럼통을 생각해 봐. 드럼통 안의 공기를 모두 빼면 어떻게 될까? 커다란 드럼통도 순식간에 찌부러져. 공기가 드럼통을 찌부러뜨리는 거지. 어때, 생각보다 공기의 힘이 대단하지?

너도 알겠지만, 공기 사이에는 벽 같은 게 없어. 하지만 지금부터는 공기 사이에 벽이 있다고 상상해 봐. 그러면 공기는 벽에 둘러싸인 하나의 덩어리처럼 보일 거야. 자, 이제 네 주변을 둘러봐. 여기저기 떠 있는 공기 덩어리가 보이니? 뭐, 진짜로 공기 덩어리가 보인다고? 하하하!

서로 붙어 있는 두 개의 공기 덩어리가 있다고 생각해 봐. 두 공기 덩어리의 기압이 같으면 아무런 움직임이 없을 거야. 서로 미는 힘이 같으니까. 그런데 왼쪽 공기 덩어리의 기압이 오른쪽 공기 덩어리의 기압보다 높다면 어떻게 될까? 왼쪽 공기 덩어리가 오른쪽 공기 덩어리를 밀면서 오른쪽으로 움직여.

넌 똑똑하니까 내가 무슨 말을 하려는지 벌써 눈치챘을걸. 공기 덩어리가 움직인다는 건 공기가 흐른다는 뜻이야. 그걸 사람들은 바람이 분다고 하지. 공기 덩어리는 서로 미는 힘, 즉 기압이 달라서 힘센 공기 덩어리 쪽에서 힘이 약한 공기 덩어리 쪽으로 움직이는 거란다.

결국 바람은 공기 덩어리의 기압이 다르기 때문에 생기는 거야.

비밀 하나 알려 줄까? 내가 어떻게 태어났는지 말이야. 물론 나도 기압 차이로 태어났어. 네가 푸후~ 하고 바람을 불려면 먼저 볼을 볼록하게 부풀려야 해. 입안에 바람을 잔뜩 머금는 거지. 그러면 입안의 공기는 압력이 높아져. 이때 입을 벌리고 내뿜으면 입 안팎의 기압 차이 때문에 나 푸후가 태어나는 거야. 어때, 쉽지?

콰당!

어이쿠, 넘어져서 무릎에 상처가 났구나. 이럴 땐 "푸후!" 하고 나를 불러. 내가 쏜살같이 달려가서 상처를 어루만져 줄게.

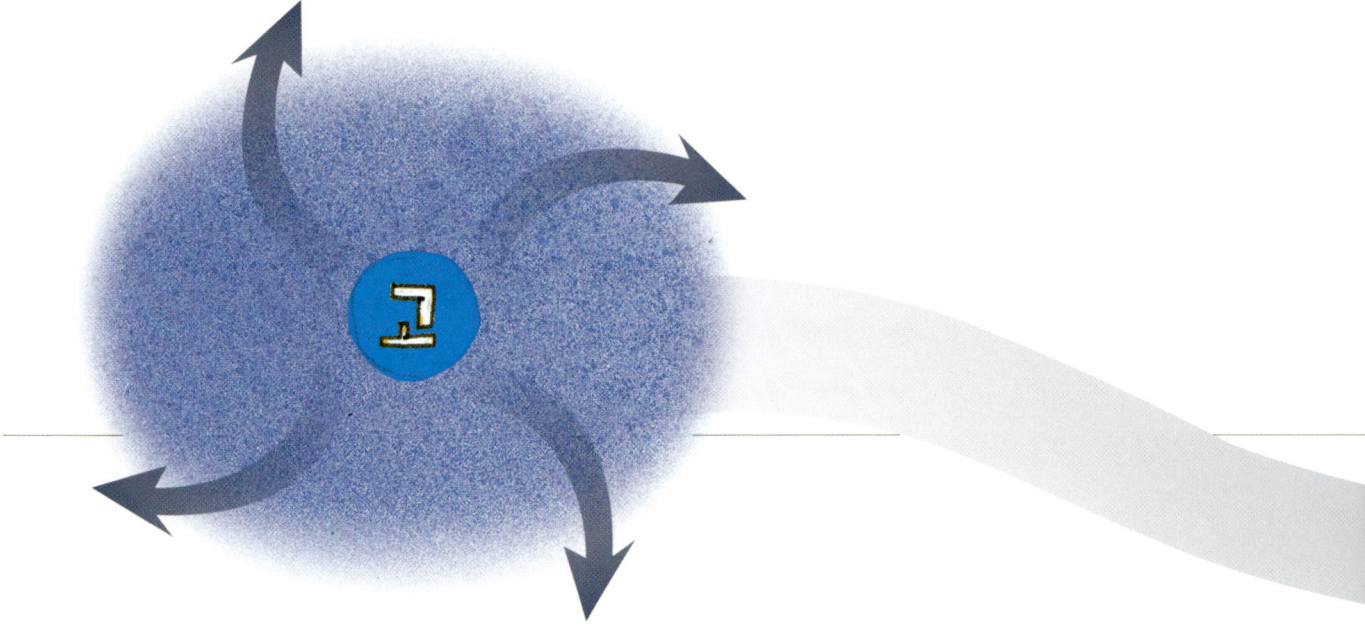

바람의 방향과 세기

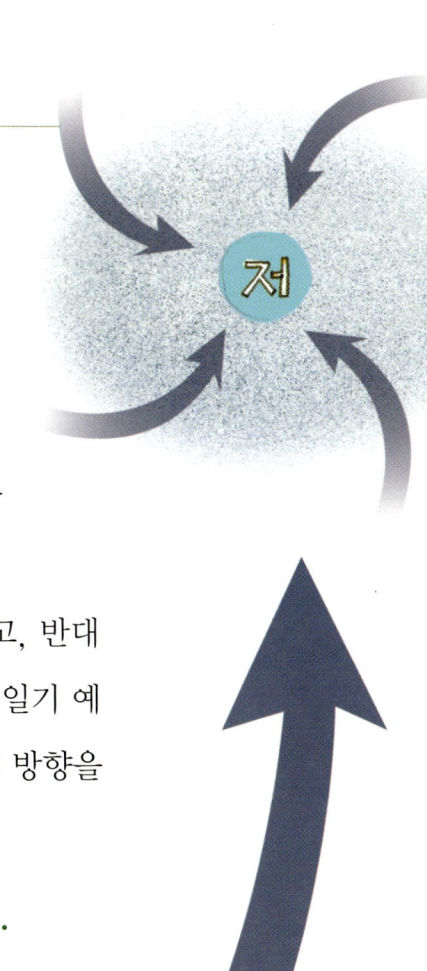

두 공기 덩어리는 서로 기압이 같아질 때까지 힘겨루기를 해. 힘겨루기를 하면 당연히 공기 덩어리는 힘이 센 쪽에서 약한 쪽으로 움직이겠지? 힘이 센 쪽은 기압이 높고, 힘이 약한 쪽은 기압이 낮으니까. 다시 말해서, 우리는 기압이 높은 곳에서 낮은 곳으로 움직여.

그런데 주변보다 기압이 높으면 **고기압**이라 하고, 반대로 주변보다 기압이 낮으면 **저기압**이라고 해. 아마 일기 예보 할 때 많이 보거나 들었을 거야. 그러니까 바람의 방향을 이렇게도 말할 수 있어.

바람은 고기압 쪽에서 저기압 쪽으로 분다.

우리 바람 중에는 힘이 센 친구도 있고 힘이 약한 친구도 있어. 힘이 세고 약하고는 기압과 관계있어. 기압 차이가 작으면 바람이 약하게 불고, 기압 차이가 크면 바람이 세게 불지.

바람의 힘, 즉 바람의 세기가 다른 것은 두 공기 덩어리의 기압 차이 때문이야.

나처럼 작고 부드러운 바람부터 깃발을 가볍게 흔드는 바람, 나뭇가지를 부러뜨리는 바람, 바다를 뒤흔들어 놓는 바람까지 기압 차이에 따라 바람의 세기도 다양하지. 이렇게 제각각인 우리를 세기에 따라 등급으로 나눈 사람이 있어. 바로 보퍼트야.

지금으로부터 약 200년 전 일이야. 보퍼트는 영국 해군 측량선의 함장이자 기상학자였어. 그 당시에는 모든 배가 바람의 힘으로 움직이는 범선이었어. 바람 없이는 꼼짝도 못하고, 너무 힘센 바

[보퍼트 풍력 계급]

계급	0	1	2	3	4	5
	고요	실바람	남실바람	산들바람	건들바람	흔들바람
풍속(km/시)	1 미만	1~5	6~11	12~19	20~28	29~38
상태	연기가 똑바로 올라간다.	연기가 날리는 모양으로 바람의 방향을 알 수 있다.	얼굴에 바람을 느낄 수 있고, 나뭇잎이 살랑거린다.	작은 가지가 흔들리고, 깃발이 가볍게 날린다.	먼지가 일고 종잇조각이 날리며, 작은 가지가 흔들린다.	잎이 무성한 작은 나무 전체가 흔들리고, 호수에 잔물결이 생긴다.

람이 휘몰아치면 배는 항구에 머물 수밖에 없었어. 이처럼 항해하는 데 우리 바람이 중요했기 때문에 보퍼트는 우리의 세기를 모든 사람이 알 수 있도록 등급을 매겨야겠다고 생각했어. 그래서 1805년에 바람의 속력, 즉 **풍속**을 기준으로 바람의 세기에 등급을 매긴 표를 만들었지. 그것을 **보퍼트 풍력 계급**이라고 불러. 우리 바람들 사이에 계급이 생긴 거지.

공기 덩어리들은 때와 장소를 가리지 않고 힘겨루기를 해. 지구 어디나 기압이 다르고, 또 기압은 끊임없이 변하기 때문이지. 덕분에 공기가 있는 곳이라면 어디서나 우리 바람을 만날 수 있어.

된바람	센바람	큰바람	큰센바람	노대바람	왕바람	싹쓸바람
6	7	8	9	10	11	12
39~49	50~61	62~74	75~88	89~102	103~117	118 이상
큰 나무의 가지가 흔들리고, 우산을 쓰고 있기 힘들다.	나무 전체가 흔들리고 바람을 마주하고 걷기 어렵다.	잔가지가 부러지고 바람을 마주하고 걸을 수 없다.	큰 가지가 꺾이고, 굴뚝이 넘어지고, 기와가 벗겨진다.	나무가 뿌리째 뽑히고, 주택에 큰 피해가 생긴다.	실제로는 매우 경험하기 힘들며, 광범위하게 파괴된다.	바다는 물거품과 물보라로 가득 차 바로 앞도 분간할 수 없다.

바람의 방향

풍향계

풍향계는 바람이 부는 방향을 관측하는 도구이고, 화살촉이 가리키는 쪽이 바람이 불어오는 방향이야. 바람의 세기가 약하면 풍향계가 잘 움직이지 않아. 이때는 바람받이 통이나 풍향기를 세우거나 굴뚝에서 나오는 연기나 나뭇가지가 움직이는 것을 보고 바람의 방향을 알 수 있어.

바람받이 통

풍향기

풍속계는 컵이 돌아가는 정도로 바람의 속도를 재는 도구야. 주로 로빈슨 풍속계를 사용하며, 풍력계라고도 불러.

로빈슨 풍속계

우리 바람을 만날 수 없을 때도 있다고? 무슨 소리야! 네가 입을 오므려 푸후~ 하고 숨을 내쉬면 나를 만날 수 있잖아. 아, 나 말고 다른 바람 친구들? 물론 네가 느끼지 못할 정도로 바람이 약하게 불거나, 땅 가까이에서는 바람이 불지 않을 때도 있어. 그럴 때도 하늘 높은 곳에서는 우리 바람이 불고 있어. 하늘 높이 둥실둥실 떠가는 구름을 본 적 있지? 그건 우리 바람이 하늘 높은 곳에서 불고 있다는 증거야. 이렇게 수많은 바람 친구들이 쉬지 않고 지구 구석구석을 누비고 있어.

짝짝짝!
수고했어. 이 정도면 바람 친구들을 만날 준비 끝! 이제 바람 친구들을 만나러 가 볼까? 자, 나를 따라와!

안녕? 바람 친구들

세상에는 셀 수 없이 많은 바람이 있어.
한적한 바닷가를 오고 가는 바람도 있고,
넓은 해양과 대륙 사이를 여행하는 바람도 있어.
또 지구 주위를 도는 커다란 바람도 있지.
지구 곳곳에서 바람은 쉬지 않고 이리저리 움직이고 있어.

바닷가의 두 친구 : 바닷바람과 뭍바람

여기는 바닷가. 바다를 향해 서 봐. 머리카락이 뒤로 흩날리지? 지금 네 머리카락을 쓰다듬고 지나가는 바람이 바닷바람이야. **바닷바람(해풍)**은 바다에서 육지로 부는 바람이지.

이키, 조심해! 파도에 옷이 다 젖었네. 바닷바람은 아주 짓궂어. 평소에는 부드럽지만 가끔 거칠게 파도를 일으키거든. 그럼 바닷바람은 어떻게 만들어지는 걸까?

햇볕은 쨍쨍, 모래알은 반짝! 바닷가 햇볕은 아주 세. 햇볕은 육지도 바다도 따뜻하게 데워 줘. 따뜻해진 육지와 바다는 주변의 공기를 데워 주고. 그럼 공기도 따뜻해지겠지? 그런데

육지와 바다는 성질이 아주 달라. 육지는 햇볕을 받으면 금세 따뜻해지는데, 바다는 좀 굼떠서 천천히 따뜻해지거든.

다시 말하면, 육지와 바다는 같은 양의 햇볕을 받아도 데워지는 정도가 달라.

신발을 벗어 봐. 모래밭이 뜨겁지? 이번에는 바닷물에 발을 담가 봐. 꽤 시원할걸. 햇볕을 똑같이 쬐도 육지가 바다보다 빨리 데워져서 그래. 따라서 땅 위의 공기는 바다 위의 공기보다 따뜻하게 데워져. 따뜻한 공기는 위로 올라간다는 말을 들어 봤어? 공기는 따뜻해지면 부풀어. 이때 따뜻해진 공기는 주변의 공기보다 가벼워서 위로 올라가는 거야.

• 모래와 물의 온도 비교

같은 양의 햇볕을 받으면 모래가 더 빨리 뜨거워져.

모닥불을 피울 때 재가 위로 올라가는 것을 보고 따뜻한 공기가 위로 올라간다는 사실을 확인할 수 있어. 모닥불에 데워진 공기가 위로 올라갈 때 재도 따라 올라가는 거지. 잠깐! 공기가 위로 올라간다는 말을 잘 생각해 봐. 공기의 흐름을 바람이라고 하잖아. 그러니까 모닥불에 데워져 위로 올라가는 공기도 바람이야.

이렇게 위로 올라가는 공기, 즉 바람을 상승 기류라고 불러. **상승 기류**란 위로 솟는 공기의 흐름이라는 뜻이야. 반대로 아래로 내려가는 공기는 **하강 기류**라고 불러.

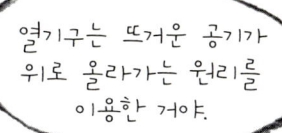

열기구는 뜨거운 공기가 위로 올라가는 원리를 이용한 거야.

햇볕이 쨍쨍 내리쬐는 낮에는 육지에서 상승 기류가 생겨. 육지에 가득하던 공기가 위로 올라가면 육지는 공기가 점점 줄어들어 기압이 낮아져. 페트병 안의 공기가 줄어들면 기압이 낮아지는 것과 같아. 그럼 육지보다 기압이 높은 바다에서 공기가 막 밀려들어 와. 그게 바로 시원한 바닷바람이야.

이제 다른 한 친구도 소개할게. 마침 해가 지네. 곧 그 친구를 만날 수 있을 거야. 이번엔 바다를 등지고 서 봐. 어때, 육지에서

찬 공기

뭍바람

따뜻한 공기

바다로 바람이 불지? 이 친구가 뭍바람이야. **뭍바람(육풍)**은 육지에서 바다로 부는 바람이야. 여기서 '뭍'은 땅을 말해. 뭍바람이 부는 원리는 아주 간단해. 바닷바람과 반대거든.

밤에는 육지와 바다를 데워 주는 해가 없어. 육지와 바다는 점점 차갑게 식어 가. 빨리 데워졌던 육지는 빨리 식고, 천천히 데워졌던 바다는 천천히 식어. 그래서 밤에는 육지가 차갑고 바다가 따뜻해. 그럼 바다에서 상승 기류가 생기고, 바다 쪽 공기의 기압이 낮아져. 이때 바람은 어디에서 어디로 불겠어? 당연히 기압이 높은 육지에서 기압이 낮은 바다로 불어.

낮에는 바다에서 육지로 바닷바람이 불고, 밤에는 육지에서 바다로 뭍바람이 불어.

낮에 부는 바닷바람, 밤에 부는 뭍바람. 바닷가에서는 이 두 친구가 날마다 낮과 밤을 책임지며 번갈아 불어. 바닷가에서는 하루 동안에도 이렇게 바람의 방향이 정반대로 바뀌지. 육지와 바다의 온도 차이 때문이야. 결국 바닷가는 태양열에 의해 데워지는 정도가 서로 다른 바다와 육지가 만나는 지형적 특징 때문에 바닷바람과 뭍바람이 생기는 거야.

바닷가와 마찬가지로 산에서도 낮과 밤에 정반대 방향으로 부는 바람 친구들이 있어. 산 위와 산 아래의 온도 차이 때문이지. 낮에는 산 아래서 산 위로 부는 **골바람(곡풍)**을, 밤에는 산 위에서 산 아래로 부는 **산바람(산풍)**을 만날 수 있어. 이 두 친구는 나중에 네가 직접 찾아가서 만나 보렴.

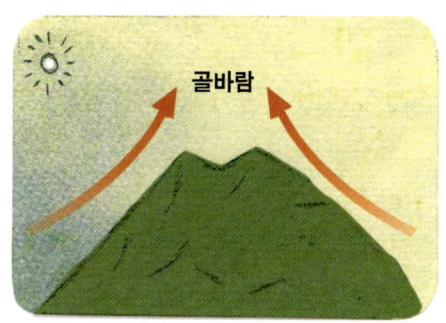 

이렇게 산과 바닷가 같은 좁은 지역에서는 작은 덩치의 바람 친구들을 만날 수 있어. 하루 동안에도 바람들이 서로 번갈아 불며 작은 바람 세상을 만드는 거야.

여름 친구와 겨울 친구 : 계절풍

위로, 위로 슈웅~

아래를 내려다봐. 한반도가 보이지. 지금 우리가 만나려는 바람 친구들은 좀 넓은 지역을 여행해. 그래서 이 정도는 올라와야 그 친구들을 볼 수 있단다. 계절에 따라, 특히 여름과 겨울에 찾아오기 때문에 늘 볼 수 있는 건 아니지만……. 그래서 이 두 친구를 계절풍이라고 불러. '풍'은 바람을 뜻하니까, **계절풍**은 계절 바람이라는 뜻이야. 영어로는 **몬순**(Monsoon)이라고 해.

넌 참 운이 좋아! 지금이 바로 여름이잖아. 계절풍을 만나기에 안성맞춤이지. 그런데 친구는 둘인데, 이름은 왜 하나뿐이냐고? 오호, 예리하군! 하지만 그 설명은 나중에 할게.

계절풍이 부는 것은 좀 전에 만난 바닷바람과 뭍바람이 부는 원리와 같아. 모두 대륙과 해양 사이를 오가고, 또 온도 차이 때문에 불지. 하지만 다른 점이 있어. 바닷바람과 뭍바람은 하루에 한 번 바뀌지만 계절풍은 일 년에 한 번 바뀌거든. 물론 덩치도 계절풍이 훨씬 커. 여기서 해양은 아주 넓고 큰 바다를 뜻해.

한반도를 예로 들어 볼게. 한반도의 북쪽에 있는 커다란 땅덩어리가 보이니? 바로 아시아 대륙이야. 남쪽에 펼쳐져 있는 커다란 바다는 북태평양이지. 아시아 대륙과 북태평양 사이를 오고 가는 바람 친구가 한반도를 찾아오는 계절풍이야. 저기 계절풍이 지나가네. 그래, 해양에서 대륙으로 불고 있는 덩치 큰 바람 친구 말이

야. 저 친구는 또 어떻게 만들어지는지 이야기해 줄게.

여름은 아주 더워. 그건 해가 하늘 높이 있기 때문이야. 여름날 정오에 해는 거의 머리 꼭대기에서 이글거려. 앞에서 말했지? 햇볕이 똑같이 내리쬐어도 땅이 더 빨리 뜨거워진다고. 똑같은 이유로 여름에는 아시아 대륙이 북태평양보다 더 따뜻해.

아시아 대륙이 따뜻해지면 공기도 따뜻해져. 그럼 아시아 대륙에서 상승 기류가 생기고 기압은 낮아지지. 물론 북태평양의 기압은 아시아 대륙의 기압보다 높아. 그래서 여름에는 북태평양에서 아시아 대륙으로 바람이 불어. 이 친구가 바로 여름에 찾아오는 계절풍이야.

무더운 여름과 시원한 가을이 지나면 겨울이 와. 해는 아주 낮게 떴다 지지. 정오에도 해가 하늘 중간에서 빛나. 그래서 내리쬐는 햇볕의 양이 적어져. 일 년을 하루에 비유하면, 여름은 한낮이고 겨울은 밤인 셈이야.

여름 내내 따뜻하게 데워지던 대륙과 해양도 차갑게 식어 가지. 물론 겨울에는 아시아 대륙이 먼저 식어. 그럼 북태평양에는 상승 기류가 생기고 기압이 낮아져. 아시아 대륙의 기압은 당연히 북태평양의 기압보다 높지. 그래서 겨울에는 아시아 대륙에서 북태평양으로 바람이 불어. 이 친구가 바로 한반도의 겨울에 찾아오는 계절풍이야.

여름에는 해양에서 대륙으로, 겨울에는 대륙에서 해양으로 계절풍이 불어.

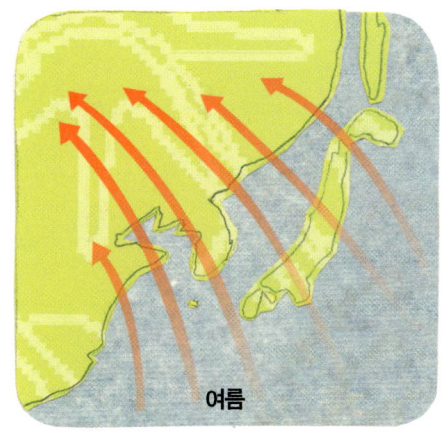
여름

겨울

이렇게 반복해서 계절에 따라 일정한 방향으로 움직이는 바람 친구가 계절풍이야. 바닷바람과 뭍바람이 낮과 밤에 육지와 바다 사이를 오가는 작은 바람이라면, 계절풍은 여름과 겨울에 대륙과 해양 사이를 오가는 덩치 큰 바람이야. 앞에서 약속했지? 여름과 겨울에 찾아오는 계절풍은 둘인데 이름이 하나뿐인 이유를 설명해 준다고 했잖아. 이름이 하나면 부를 때 누가 누군지 헷갈릴 거야. 그래서 둘 다 이름은 계절풍이지만 구분하는 이름이 따로 있어.

바람의 이름은 보통 불어오는 방향을 기준으로 지어. 바다에서 불어오는 바람은 바닷바람, 육지에서 불어오는 바람은 뭍바람이라고 했잖아. 기억하지?

바람은 불어오는 방향에 따라 이름이 정해져.

북태평양은 한반도의 어느 쪽에 있지? 맞아, 남동쪽이야. 여름에는 계절풍이 북태평양에서 불어온다고 했어. 그러니까 이 바람은 계절풍 중에서도 남동 계절풍이라고 부르면 돼. 아시아 대륙은 한반도의 북서쪽에 있어. 그럼 겨울에 아시아 대륙에서 불어오는 바람은 어떻게 부를까? 그래, 북서 계절풍이라고 부르면 돼.

동쪽에서 불어오는 바람은 동풍, 서쪽에서 불어오는 바람은 서풍이야. 후후, 너무 쉽다고? 그렇다고 모든 바람이 방향에 따라 이름이 정해지는 건 아니야. 이번에 소개할 고집 센 친구의 이름은 불어오는 방향을 기준으로 정한 게 아니거든.

여름 내내 북태평양에서 한반도로 계절풍 친구가 계속 불어올 거야. 겨울에 불어오는 북서 계절풍을 만나지 못해 서운하다고? 겨울이면 만날 텐데 뭐. 남동 계절풍아, 수고해! 또 만나자. 난 고집 센 바람 친구를 만나러 가.

고집 센 바람과 고집 센 사람 : 무역풍

이번에는 지구가 한눈에 보일 때까지 진짜 높이 올라가야 해.

슈웅 슈우웅~

후유, 다 왔다! 저 아래 지구가 보여.

지금까지 만난 바람 친구들은 낮과 밤, 여름과 겨울에 서로 반대 방향으로 불었어. 하지만 이번에 만날 친구들은 일 년 내내 한 방향으로만 부는 고집 센 친구들이야. 이 친구들은 계절풍보다 훨씬 덩치가 크고, 엄청나게 넓은 지역에서 살아.

적도를 중심으로 남북으로 위도 30도 부근을 보렴. 북동쪽에서 남서쪽으로, 또 남동쪽에서 북서쪽으로 부는 바람이 보이니? 바로 **무역풍**이야. 적도를 중심으로 위아래에서 쌍둥이처럼 불지. 항상 저렇게 부냐고? 그래, 무역풍은 평생을 같은 방향으로 움직여. 옛날 사람들은 일 년 내내 한 방향으로 부는 이 바람 친구들을 이용해 배를 타고 먼 나라에 가서 무역을 했어. 그래서 이 친구들 이름이 무역풍이 된 거야.

적도는 지구에서 햇볕이 가장 강하게 내리쬐는 곳이야. 적도에서는 언제나 뜨거워진 공기가 위로 올라가지. 바람이 언제나 하늘

[무역풍이 만들어지는 과정]

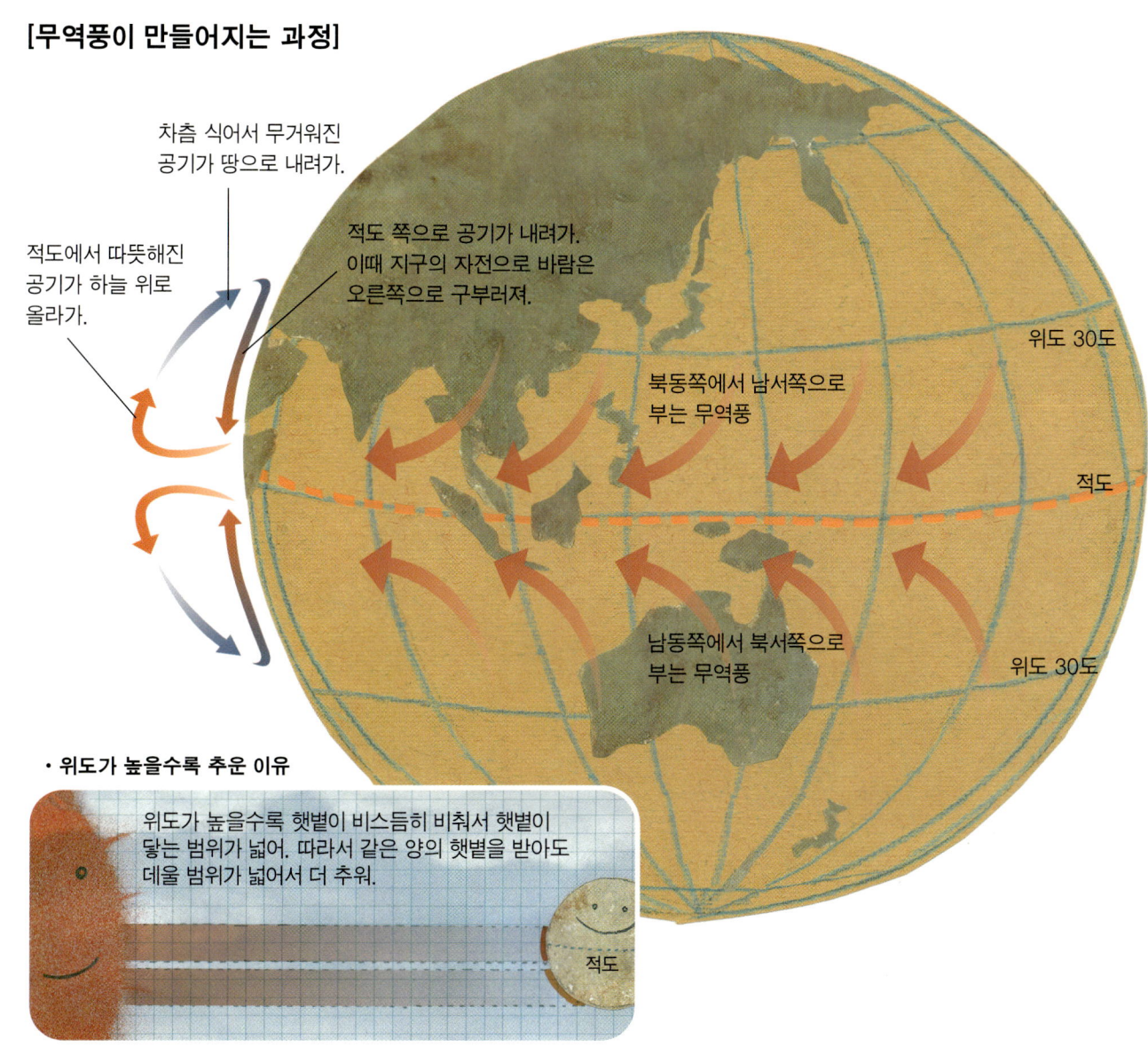

차츰 식어서 무거워진 공기가 땅으로 내려가.

적도에서 따뜻해진 공기가 하늘 위로 올라가.

적도 쪽으로 공기가 내려가. 이때 지구의 자전으로 바람은 오른쪽으로 구부러져.

북동쪽에서 남서쪽으로 부는 무역풍

남동쪽에서 북서쪽으로 부는 무역풍

위도 30도

적도

위도 30도

· 위도가 높을수록 추운 이유

위도가 높을수록 햇볕이 비스듬히 비춰서 햇볕이 닿는 범위가 넓어. 따라서 같은 양의 햇볕을 받아도 데울 범위가 넓어서 더 추워.

적도

위로 부는 거야. 적도에서 하늘로 올라간 공기는 북쪽과 남쪽으로 향하고, 각각 위도 30도 부근에서 땅으로 내려와 다시 적도 쪽으로 불어. 만일 지구가 자전하지 않는다면 이 바람 친구들은 북반구에서는 북풍, 남반구에서는 남풍이 될 거야. 그런데 지구가 자전을 하기 때문에 무역풍은 북반구에서는 오른쪽으로 구부러지고, 남반구에서는 왼쪽으로 구부러져.

결국 무역풍은 북반구에서는 북동풍, 남반구에서는 남동풍이 되는 거야.

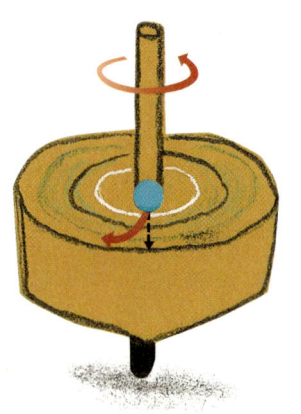

팽이를 반시계 방향으로 돌리면, 구슬은 오른쪽으로 구부러지며 굴러가.

무역풍이 왜 구부러지냐고? 지금은 내가 설명을 해도 어려울 테니까, 간단한 실험으로 확인만 해 보자고.

커다란 팽이를 지구의 북반구라고 생각하고, 반시계 방향으로 돌려 봐. 북쪽에서 내려다보면 팽이는 지구처럼 반시계 방향으로 돌고 있어. 쌩쌩 도는 팽이의 가운데에서 가장자리로 구슬을 굴려 봐. 구슬이 오른쪽으로 구부러지며 나아갈 거야. 구슬을 팽이의 가장자리에서 가운데로 굴려도 오른쪽으로 구부러져. 북반구의 바람도 이렇게 오른쪽으로 구부러지는 거야.

무역풍을 이야기하자면 빼놓을 수 없는 사람이 있어. 바로 포르투갈의 탐험가 마젤란이야. 마젤란은 내가 만난 사람 중에서 가장 고집 센 사람이야. 또 무역풍에 대해 가장 잘 알고 있던 사람이기도 하지. 가장 고집 센 사람과 가장 고집 센 바람. 후후후, 뭔가 굉장할 거 같지 않아? 맞아. 그 둘이 엄청난 일을 해냈지.

지금으로부터 약 500년 전에 마젤란은 배를 타고 가장 먼저 세계 일주를 했어. 그때 마젤란을 도와준 게 바로 내 친구 무역풍이야. 마젤란의 범선은 계속 서쪽으로 항해했어. 우리 친구 무역풍이 마젤란의 범선을 세차게 밀어 주었지. 마젤란은 적도의 위아래쪽 바다에서 언제나 북동풍과 남동풍이 분다는 사실을 잘 알고 있었어. 그 이유는 알지 못했지만 말이야.

마젤란의 세계 일주와 무역풍 이야기, 즉 고집 센 사람도 몰랐던 고집 센 바람의 이야기! 이제 그 이야기를 들려줄게.

1 1519년 8월 10일, 스페인에서 다섯 척의 배에 237명이 타고 세계 일주를 시작하다.

2 1520년 11월 28일, 마젤란 해협을 지나 태평양으로 들어서다.

3 1521년 4월 27일, 필리핀 막탄 섬에서 마젤란이 죽다.

4 1522년 9월 8일, 18명만이 스페인으로 되돌아오다.

무역풍 말고도 일 년 내내 한 방향으로 움직이는 친구들이 또 있어. 적도를 중심으로 남반구와 북반구를 각각 3등분한다고 생각해 봐. 그러면 무역풍은 적도 바로 위아래 지역에서 살아. 그 다음 중간 지역에서는 서쪽에서 동쪽으로 부는 **편서풍**이라는 친구가 살아. 지구 양쪽 끝 지역에서는 동쪽에서 서쪽으로 부는 **극동풍**이라는 친구가 살지. 거대한 덩치의 세 친구가 커다란 지구를 책임지고 있는 셈이야. 물론 이 친구들 외에 수많은 우리 바람 친구들이 있지만 말이야. 덩치 작은 친구는 좁은 지역에서, 덩치 큰 친구는 넓은 지역에서 제각각 바람 세상을 만들며 살아가고 있어.

　이쯤 되면 우리 바람이 무슨 일을 하는지 궁금하지? 다시 저 아래 지구로 내려가서 이야기를 계속해 보자고. 날 꼭 잡아. 빠르게 내려갈 거니까.

극동풍 남쪽으로 내려오던 공기가 지구의 자전으로 오른쪽으로 구부러져 극동풍이 돼.

편서풍 극으로 향하던 공기가 지구의 자전으로 오른쪽으로 구부러져 편서풍이 돼.

무역풍

적도

바람은 너무 바빠!

바람은 사람들의 생활에 많은 영향을 끼쳐.
또 자연의 모습을 바꾸기도 해.
흙과 먼지를 나르고 암석을 깎고
식물이 널리 퍼지는 것도 도와주지.
바람은 참 부지런한 일꾼이야.

구름과 비를 만드는 바람

잠깐 쉴까? 한참을 이야기하고 나서 빠르게 땅으로 내려왔더니, 힘이 빠지고 정신이 가물거려. 숨을 크게 쉬어서 내게 힘을 불어 넣어 줘.

푸후~ 푸후~우!

고마워. 이제 기운이 좀 나. 내가 무슨 이야기를 하려고 했더라……. 옳지, 우리가 무슨 일을 하는지 궁금하다고 했지?

우리 바람이 하는 일은 많아. 그중에서도 가장 중요한 일은 날씨에 관한 거야. 우리 바람은 날씨를 결정하고 바꾸기도 해. 그런데 사람들의 생활은 날씨에 따라 크게 달라져. 옷이나 음식, 집도 날씨에 영향을 받잖아. 그러니까 우리 바람을 잘 아는 게 중요하겠지? 먼저 우리가 만드는 구름과 비에 대해 이야기해 줄게.

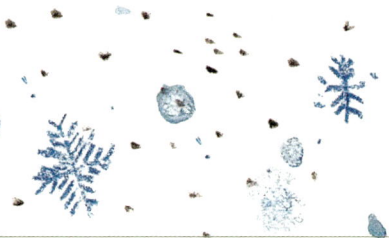

　자랑 같지만 우리는 아주 부지런해. 또 놀라운 재주꾼들이지. 쓸데없이 돌아다니는 것 같지만 사람들이 깜짝 놀랄 만한 일을 많이 해. 산꼭대기에 구름 모자를 씌우는 것도, 양떼구름을 몰고 가는 것도, 장미 정원에 비를 뿌리는 것도 우리거든.

　넌 구름이 만들어지는 걸 본 적 있니? 그걸 어떻게 보냐고? 물론 실제로 구름이 만들어지는 걸 보기는 어려워. 하지만 원리가 비슷한 예를 주위에서 쉽게 찾을 수 있어. 함께 실험을 해 볼까? 이번 실험에서 중요한 건 관찰이야.

 **구름이 만들어지는 원리를 관찰하기**

준비할 것들이야.
주전자, 물, 가스레인지

이렇게 실험해 봐.
주전자에 물을 채우고 가스레인지에 올려. 불을 켜고 물이 끓을 때까지 기다려. 그리고 주전자 주둥이에서 어떤 일이 생기는지 관찰해.

잠깐!
부모님이 물을 끓이실 때 함께 실험할 것. 부모님이 안 계실 때 혼자 실험하면 위험해!

이렇게 될 거야.

주전자 주둥이에서 무언가 세차게 뿜어져 나와. 그게 뭔지 보이지는 않아. 하지만 주전자 주둥이에서 조금 떨어진 곳에는 안개처럼 뿌연 게 생겨.

왜 이런 일이 일어날까?

물을 끓이면 물을 이루던 알갱이들이 활발하게 움직이고, 결국 공중으로 세차게 날아가. 물에서 떨어져 나간 알갱이는 물이 기체가 된 것으로, **수증기**라고 해. 수증기는 눈에 보이지 않지만, 차가운 공기와 만나면 서로 달라붙어 작은 물방울이 돼. 마치 안개처럼 보이는 이 물방울들을 **김**이라고 부르지.

김

수증기

잘 관찰했니? 이 실험에서 안개처럼 뿌연 김이 구름인 셈이야. 실제로 구름은 이렇게 만들어져. 들어 봐!

넓고 잔잔한 바다야. 따뜻한 햇볕이 내리쬐고 있어. 수면에서 꼬물꼬물 수증기가 날아오르고 있지. 물이 끓지도 않는데 웬 수증기냐고? 물이 끓지 않고 수증기로 변하는 걸 **증발**이라고 해. 빨래가 마르는 것은 증발 때문이야. 물놀이로 흠뻑 젖은 옷도 증발 때문에 저절로 마르지.

증발이 일어나면 공기는 수증기로 가득 차. 그래도 수증기는 보이지 않아. 주전자의 주둥이에서 막 뿜어져 나온 수증기처럼.

따뜻한 햇볕을 쬐면 수면은 점점 따뜻해지고 주변의 공기도 따뜻해져. 그럼 내 친구들이 슬슬 꿈틀대기 시작해. 수면 근처의 따뜻한 공기가 상승 기류가 되어 하늘로 치솟는 거야. 이 상승 기류는 아주 눅눅해. 수증기를 잔뜩 머금고 있거든.

높은 산꼭대기에 올라가 본 적 있지? 산꼭대기는 아주 추워. 겨울에 내린 눈도 가장 늦게 녹지. 그건 땅에서 높이 올라갈수록 기온이 점점 낮아지기 때문이야. 상승 기류는 네가 올라가 본 산꼭

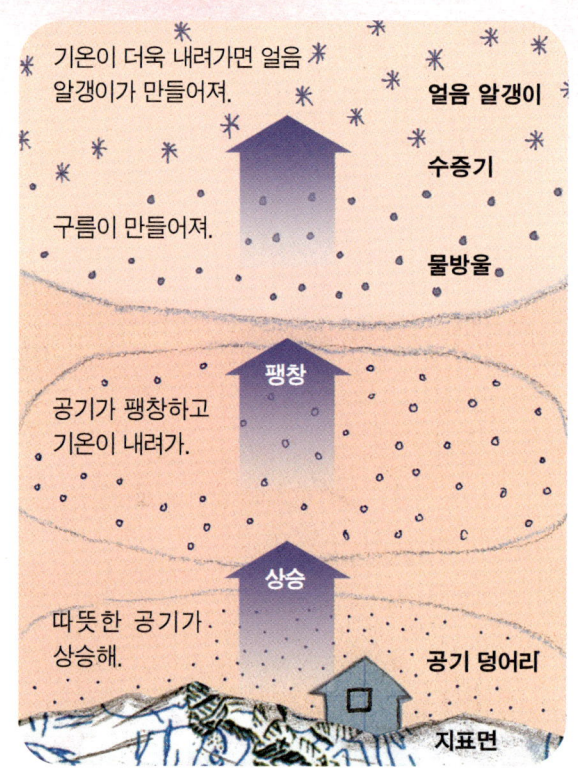

대기보다 훨씬 더 높은 곳까지 올라가. 그곳은 너무 추워서 물이 얼 정도야. 그럼 상승 기류에 가득한 수증기가 어떻게 되겠어? 서로 달라붙어 작은 물방울을 이루게 돼. 주전자 주둥이에서 나온 수증기가 차가운 공기를 만나면 김이 되는 것과 같아. 더 추워지면 수증기는 서로 달라붙어 작은 얼음 알갱이가 돼. 그렇게 만들어진 물방울들과 얼음 알갱이들 덩어리가 바로 **구름**이야.

뭉게구름, 양떼구름, 새털구름……. 모두 바람 친구들이 수증기로 빚은 멋진 작품이야. 또 우리 바람은 양치기처럼 이리저리 구름을 몰고 다녀. 그러다 산꼭대기에 구름 모자 하나를 걸쳐 놓기도 하지.

구름 속의 물방울은 아주 작고 가벼워. 그래서 구름이 바람에 둥둥 떠다니는 거야. 먼지처럼 말이야. 하지만 물방울과 얼음 알갱이가 서로 달라붙어 점점 커지면 무게를 이기지 못해 결국엔 땅으로 떨어져. 그게 바로 **비**나 **눈**이야.

우리 바람은 구름을 만들고, 이리저리 구름을 몰고 다녀. 또 비와 눈을 내리게 만들어. 우리는 날마다 날씨를 결정하는 데 중요한 역할을 하고 있어.

추위와 더위를 몰고 오는 바람

한반도에는 여름과 겨울에 성격이 정반대인 바람 친구가 찾아와. 겨울에 오는 북서 계절풍은 차갑고 건조해. 여름에 오는 남동 계절풍은 뜨겁고 습하지. 그래서 한반도는 겨울에 북서 계절풍이 불어오면 더욱 춥고 건조해져. 반대로 여름에 남동 계절풍이 불어오면 장마가 져서 큰비가 내리고, 장마가 끝나면 찜통처럼 무더워져.

바람은 추위와 더위를 몰고 다녀.

손을 입에 대고 "포~호!" 하고 불어 봐. 손이 따뜻해질걸. 몸속에서 나온 따뜻한 공기가 손을 데워 주기 때문이야. 이번에는 세차게 불어 봐. "푸~후!" 하고 내 이름을 힘차게 부르듯이 말이야. 그럼 손이 시원해질걸. 피부의 온도는 기온보다 높아서 피부 가까이 있는 공기는 주변의 공기보다 따뜻해. 그런데 입으로 바람을 세차게 불면 피부 가까이에 있던 따뜻한 공기가 밀려나고 주변의 찬 공기가 밀려들

> 휘~잉! 북서 계절풍님이 나가신다. 모든 걸 꽁꽁 얼려 버리고 말 테다!

어. 그래서 손이 시원해지는 거야. 우리 바람이 네 몸에서 열을 빼앗는 거지.

바람이 불면 실제 기온보다 사람이 느끼는 체감 온도가 더 낮아. 우리 바람이 몸에서 열을 빼앗기 때문이지. **체감 온도**는 사람 몸이 느끼는 온도야. 우리가 셀수록 체감 온도는 낮아져. 풍속이 초당 1미터 증가할 때마다 체감 온도는 대략 섭씨 1도씩 낮아진대. 그래서 겨울 바람은 더욱 매섭고, 여름 바람은 시원한 거야.

남동 계절풍 말고 뜨거운 바람이 또 하나 있어. 숨이 막힐 정도로 뜨거운 이 친구 이름은 높새바람이야. 지금 이 친구를 만나러 가 보자고!

구름도 울리고 농민도 울리고

높새바람을 만나려면 태백산맥 쪽으로 가야 해. 태백산맥은 동해안을 따라 남북으로 길게 뻗은 산맥으로, 1000미터가 넘는 높은 산들이 많아. **높새바람**은 동해안에서 태백산맥을 넘어 서쪽으로 부는 뜨겁고 건조한 바람이야. 동해 바다에서 만들어진 습한 바람이 태백산맥을 넘을 때 영동 지방에 비를 뿌린 후, 뜨겁고 건조해져서 영서 지방으로 부는 거야. 마치 산이 높아 울고 넘는 것처럼 비를 뿌리고, 더 이상 흘릴 눈물이 없어서 메마르게 부는 것 같다고? 우아, 비유가 멋진데!

이 친구는 주로 늦은 봄에서 초여름에 나타나. 이 친구가 나타나면 공기가 건조해져서 산불이 많이 나고, 농작물도 누렇게 말라.

[높새바람이 만들어지는 과정]

그래서 영서 지방 농민들은 높새바람을 살곡풍이라고 해. **살곡풍**은 곡식을 죽이는 바람이라는 뜻이야. 하지만 영동 지방 사람들은 농사철에 비를 뿌려 줘서 좋아한다는 사실도 알아 둬.

그런데 높새바람이란 이름은 어떻게 지은 걸까? 바람은 불어오는 방향에 따라 이름을 짓잖아? 알고 보면 높새바람이라는 이름도 같은 방식으로 지은 거야. 다만 옛날 사람들이 순우리말로 지었을 뿐이야.

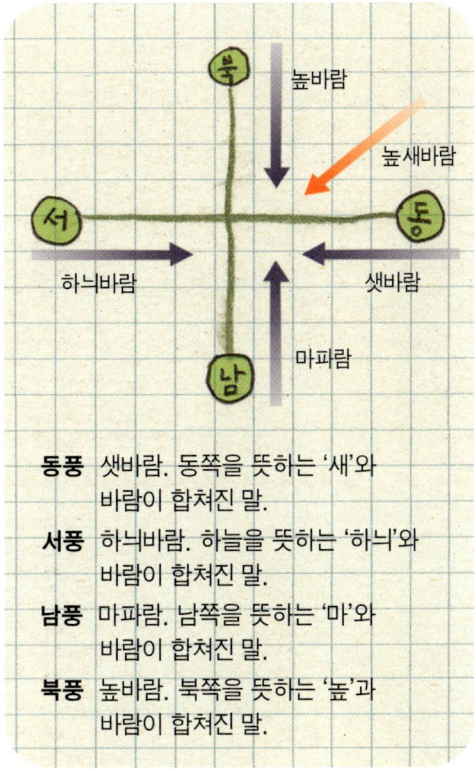

· 순우리말로 된 바람 이름

동풍 샛바람. 동쪽을 뜻하는 '새'와 바람이 합쳐진 말.
서풍 하늬바람. 하늘을 뜻하는 '하늬'와 바람이 합쳐진 말.
남풍 마파람. 남쪽을 뜻하는 '마'와 바람이 합쳐진 말.
북풍 높바람. 북쪽을 뜻하는 '높'과 바람이 합쳐진 말.

높새바람은 북동쪽에서 불어오는 북동풍이야. 순우리말로 북쪽은 '높'이고, 동쪽은 '새'라고 해. 그래서 옛날 사람들은 이 심술쟁이 바람을 높새바람이라고 부른 거지.

습기가 많은 바람

열을 골고루 나누어 주는 바람

　추운 방 안의 한쪽에 난로를 켜 봐. 처음에는 난로 주변만 따뜻하지만, 시간이 지나면 방 안이 골고루 따뜻해져. 원리는 이래. 난로 주변의 공기가 따뜻해지면 위로 올라가고, 그 빈 자리로 주변에 있던 찬 공기가 흘러가. 찬 공기가 난로에 데워져 따뜻해지면, 다시 위로 올라가게 돼. 이 과정을 반복하면서 방 안 전체가 골고루 따뜻해지는 거야.

　그런데 공기의 흐름이 뭐지? 그래, 우리 바람이잖아. 그러니까 바람이 난로의 열을 방 안에 골고루 전달하는 거야. 과학자들은 이렇게 공기의 흐름 때문에 열이 이동하는 현상을 대류라고 불러. **대류**는 액체나 기체가 움직이면서 열을 전달하는 현상이란다.

　지구에는 거대한 바람 친구들이 있다고 했지? 앞에서 만난 무역풍과 편서풍, 극동풍 말이야. 지구 전체로 보면 이 세 친구들이 대기 안에서 커다란 대류를 일으켜. 그 결과, 적도를 뜨겁게 데운 열이 지구 전체로 퍼지는 거야.

　바람은 지구 전체에 열을 골고루 전달하고 있어.

지구를 조각하는 바람

우리 바람은 멋진 조각가이기도 해. 공기가 있는 곳이면 어디든지 다니며 조각품을 만들지. 오랜 시간에 걸쳐 바위를 깎고, 깎아 낸 바위 조각을 끊임없이 부숴 흙과 모래를 만들고, 흙과 모래를 이리저리 운반해 쌓기도 하지. 우리가 거침없이 지구를 누비는 사이 땅은 서서히 모양이 변해.

우리 바람이 가장 좋아하는 곳은 사막이야. 사막은 사방이 탁 트여 신 나게 달릴 수 있어. 또 흙먼지와 모래를 날리고, 커다란 바위를 쪼아 멋진 모양도 만들 수 있지.

나는 오래전, 아프리카의 사하라 사막에서 아주 힘센 바람 친구를 만난 적이 있어. 그 친구는 나를 아는 체도 안 하고 모래 언덕만 쌓았어. 모래 언덕 크기가 얼마나 크던지, 마치 거대한 산 같았어. 높이가 400미터쯤 되는 것 같았어. 높이 쌓기 대회가 있다면 분명히 금메달을 딸 거야.

몽골의 고비 사막에는 멀리 날리기 챔피언이 살고 있어. 그 친구는 심심하면 흙먼지를 몰고 다니는데, 글쎄 그 흙먼지가 태평양까지 간다지 뭐야. 그런데 그 친구는 태평양으로 건너가면서 한반

버섯 모양 바위

무지개다리
모양 바위

도에 흙먼지를 잔뜩 떨어뜨리고 가. 그 흙먼지가 바로 **황사**야. 해마다 봄에 한반도를 찾아오는 황사는 고비 사막에 사는 바람 친구가 만드는 거지.

뱀처럼 구불거리는 모래밭 고랑 좀 봐. 마치 수면에 퍼지는 물결처럼 보여. 저건 힘이 약한 바람 친구의 흔적이야. 힘이 센 바람 친구는 모래를 높이 쌓아 커다란 언덕을 만들어. 또 모래 언덕을 이리저리 옮겨 놓기도 하지.

모래 언덕

사막에서 모래 언덕 쌓기, 흙먼지 날리기가 싫증 나면 바위 깎기 놀이를 하면 돼. 버섯 모양 바위, 무지개다리 모양 바위는 모두 바람 친구들이 만든 조각품이야. 어떤 친구는 울퉁불퉁한 돌을 깎아 매끈한 삼각형 돌로 만들어.

우리 바람은 사막에 많은 거친 모래를 이용해 바위를 깎아. 바람이 모래를 날리며 계속해서 바위와 부딪치면 단단하던 바위도 아주 조금씩 깎여. 그렇게 오랜 세월이 지나면 바위에 구멍이 뚫리고, 버섯처럼 밑이 홀쭉해지는 거야. 이런 경우를 비유하는 속담으로 "낙숫물이 댓돌을 뚫는다."라는 말도 있어.

모래 언덕을 쌓고 흙먼지를 날리고 바위를 깎고……. 사막은 우리 바람이 제일 좋아하는 놀이터야! 우리는 사막뿐만 아니라 끝없이 펼쳐진 눈밭에서 눈보라를 일으키고, 기다란 해변에서 물보라를 일으켜 멋진 지형도 만들지. 바람은 공기가 있는 곳이면 어디든 거침없이 돌아다니며 부지런히 땅의 모양을 바꾸고 있어.

미래 에너지, 바람

사람들은 아주 오래 전부터 우리 바람을 에너지로 이용해 왔어. 마젤란이 세계 일주를 할 때 탔던 범선, 곡식을 찧거나 물을 끌어 올리는 데 쓰인 풍차 따위가 그 예야. 돛에 바람을 받아 범선이 앞으로 나아가고, 바람에 풍차의 날개가 돌면서 기계를 움직여 곡식을 찧고 물도 끌어 올릴 수 있었단다.

최근에 과학자들은 바람을 에너지로 이용하는 방법에 더욱 관심을 가지고 연구 중이야. 바람을 이용하는 배도 그중에 하나야. 예를 들면, 앞쪽에 아주 커다란 연을 단 배를 만드는 거야. 우리 바람이 세차게 불면 배가 연에 끌려갈 거야. 그럼 연이 없을 때보다 연료를 훨씬 적게 쓰게 돼. 후후후~. 바람이 날리는 연에 배가 끌려가다니……. 생각만 해도 흥분돼!

우리는 텔레비전을 켤 수도 있어. 말도 안 된다고? 그렇지 않아. 풍력 발전기만 있으면 우리는 전기 에너지로 바뀌거든. 화력 발전소에서는 석유나 석탄을 태워 물을 끓이고, 그때 나오는 수증기로 발전기를 돌려. 하지만 풍력 발전기에는 석유나 석탄이 필요 없어. 그냥 우리가 세차게 불면 돼.

풍력 발전기는 커다란 선풍기처럼 생겼어. 높은 기둥에 날개가 달려 있지. 우리 바람이 세차게 불면 날개가 빙글빙글 돌아. 그럼 그 안에 있는 발전기가 돌면서 전기가 만들어지지. 이제 우리 바람이 텔레비전을 켠다는 말을 이해하겠지?

석유와 석탄은 한 번 쓰면 다시 쓸 수가 없어. 그래서 수십 년이 지나면 석유와 석탄은 다 써 버려서 사라지게 될 거야. 하지만 우리 바람은 사람들이 아무리 써도 없어지지 않아. 이렇게 풍력처럼 계속해서 다시 쓸 수 있는 에너지를 **재생 에너지**라고 불러.

풍력은 계속 써도 없어지지 않는 재생 에너지야.

재생 에너지는 풍력 이외에 태양열, 떨어지는 물의 힘(수력), 조수 간만의 차이로 일어나는 힘(조력), 땅에서 나는 열(지열) 따위가 있어.

지구 어느 곳에서나 바람은 불어. 사람들이 바람 에너지에 관심만 가진다면, 우리는 앞으로도 계속해서 불면서 사람들에게 더 많은 에너지를 줄 거야.

　우리 바람은 너무 바빠! 우리는 식물과 동물을 도와주기도 해. 민들레 씨앗이 바람에 날아가는 모습을 본 적 있지? 씨앗을 먼 곳으로 날려 보내 싹을 틔울 수 있도록 돕는 거야. 또 소나무처럼 작고 가벼운 꽃가루를 날려 꽃가루받이를 할 수 있도록 도와줘.

　하늘을 나는 새들도 우리 바람의 도움을 받아. 철새들이 날개 힘만으로 날아간다면 힘들고 지쳐서 먼 거리를 이동하기 어려워. 하지만 우리가 도와주면, 철새들은 바람을 타고 먼 거리도 어렵지 않게 날아갈 수 있지. 새끼 거미들이 어미로부터 독립할 때도 우리가 필요해. 새끼 거미들은 바람이 불면 거미줄을 날려 멀리 날아가. 마치 타잔이 줄을 타고 밀림 속을 누비는 것처럼 이동해. 그 모습은 정말 볼 만해!

　우리 바람은 구름을 만들고, 눈비를 뿌리고, 추위와 더위도 가져와. 또 바위를 깎아 멋진 조각품도 만들고, 도시의 공기를 청소하고, 민들레 씨앗도 날려 주고, 바닥나지 않는 에너지까지 주지. 한마디로 우리 바람은 부지런한 지구 일꾼이야.

이야기가 좀 길어졌네! 자랑할 게 어디 한두 가지여야지? 크크크. 이제 집으로 가고 싶다고? 아직 할 이야기가 남았는데……. 좋아! 일단 집으로 가지 뭐. 집으로 출~발!

바람이

바람이 항상 너그러운 건 아냐.
무시무시한 힘으로 지구를 쑥대밭으로 만들기도 하거든.

요즘엔 바람이 더욱 거칠어지고 있어.

문제는 그게 바로 사람들 탓이라는 거지.

사람들이 바람을 더욱 거칠게 만든다니, 그게 무슨 말일까?

도로시와 토네이도

이번 토네이도는 자동차를 들어 올리고, 집을 부술 정도로 강력했습니다.

다행히 마을을 비껴가서 인명 피해는 없었지만, 옥수수 농장이 큰 피해를 입었습니다.

텔레비전에서 일기 예보를 하네. 한반도에는 태풍이 다가오고 있고, 미국에는 토네이도가 발생했대!

토네이도는 주로 미국에서 나타나는 강력한 회오리바람이야. 이 회오리바람이 육지에 생기면 토네이도라 하고, 바다에 생기면 **워터스파우트**(waterspout)라고 해.

이 친구는 좀 위험해. 나 푸후와는 비교할 수 없을 정도로 힘이 세고 모양도 특이해. 솔직히 바람끼리는 대부분 친하지만, 이 친구와는 친해지기 어려워. 이 친구가 나타나면 나처럼 힘없는 바람

• 토네이도가 만들어지는 과정

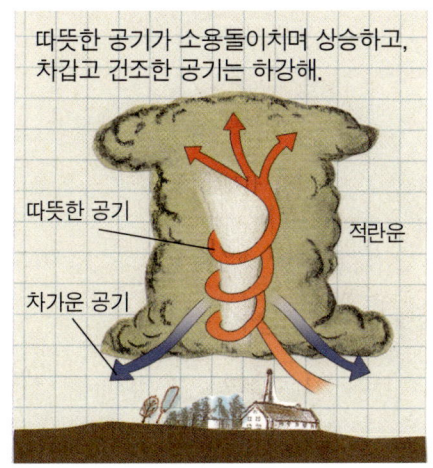
따뜻한 공기가 소용돌이치며 상승하고, 차갑고 건조한 공기는 하강해.

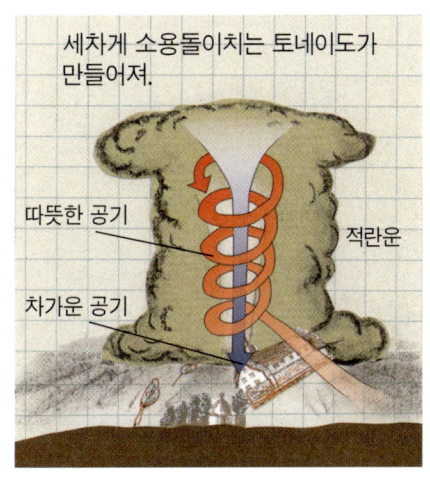
세차게 소용돌이치는 토네이도가 만들어져.

은 순식간에 빨려 들거든. 그러니까 당연히 이 친구를 멀리할 수밖에 없어. 지금부터 이 친구 이야기를 해 볼게.

토네이도는 적란운과 함께 많이 나타나.

적란운은 높은 산처럼 솟은 시커먼 구름으로 **소나기구름**이라고도 해. 주로 여름에 잘 생기고 심한 소나기나 우박을 내리는 경우가 많아. 적란운 속에서 상승 기류가 생기면 아래쪽 공기를 마구 빨아들여. 그럼 땅 위의 공기는 세차게 소용돌이치면서 빨려 올

라가. 그래서 토네이도를 **회오리바람**이라고도 불러. 소용돌이치는 모습이 마치 욕조의 물이 빙빙 돌며 빠져나가는 것과 닮았어.

토네이도는 멀리서 보면 크고 기다란 깔때기처럼 생겼어. 옛날에 너희 조상들은 바다에 나타난 토네이도를 **용오름**이라고 불렀대. 옛날 사람들은 이 친구가 바다에서 하늘로 힘차게 올라가는 용처럼 보였나 봐.

식탁에 설탕 가루를 뿌리고 빨대로 힘차게 빨아 봐. 빨대를 설탕에 대지 않아도 설탕이 빨려 올라갈걸. 내 친구 토네이도는 바람으로 만든 빨대와 같아. 토네이도의 벽을 이루는 공기는 아주 빠르게 소용돌이치지. 그래서 토네이도에 휘말리면 집이 부서지는 것은 물론 나무도 뿌리째 뽑혀서 설탕 가루처럼 빨려 들어가.

토네이도의 지름은 수백 미터에 달하고, 시속 40~70킬로미터의 빠르기로 이동해. 드물지만 수백 킬로미터를 휩쓸고 지나가는 경우도 있어. 토네이도는 힘은 장사지만, 금세 지쳐서 몇 초에서 몇 분밖에 살지 못해. 짧고 굵게 사는 거지.

다행히도 넌 위험한 토네이도를 만날 일이 거의 없어. 이 친구는 대부분 미국에서 살기 때문에 한반도에는 잘 나타나지 않거든.

미국의 중부와 동부에서는 해마다 150번 정도 이 친구가 나타나고 있어. 그것도 봄과 여름에 말이야.

오래전 미국의 캔자스 주에서 있었던 일이야. 토네이도가 아주 짓궂은 장난을 쳤지 뭐야. 글쎄 이 친구가 도로시라는 시골 소녀를 날려 버렸어. 하지만 걱정하지 않아도 돼. 도로시는 오즈라는 마법의 나라까지 날려갔지만, 신 나는 모험을 끝내고 무사히 집으로 돌아왔어. 너도 알겠지만, 이 이야기는 《오즈의 마법사》라는 동화책에 나오는 상상의 이야기일 뿐이야. 그러니까 진짜 토네이도가 나타나면 그저 멀리 도망치는 게 제일이야!

바람 대장, 태풍

자, 하늘 높이 올라가 보자! 한반도로 다가오는 태풍이 어디쯤 왔는지 보게.

[태풍의 구조도]

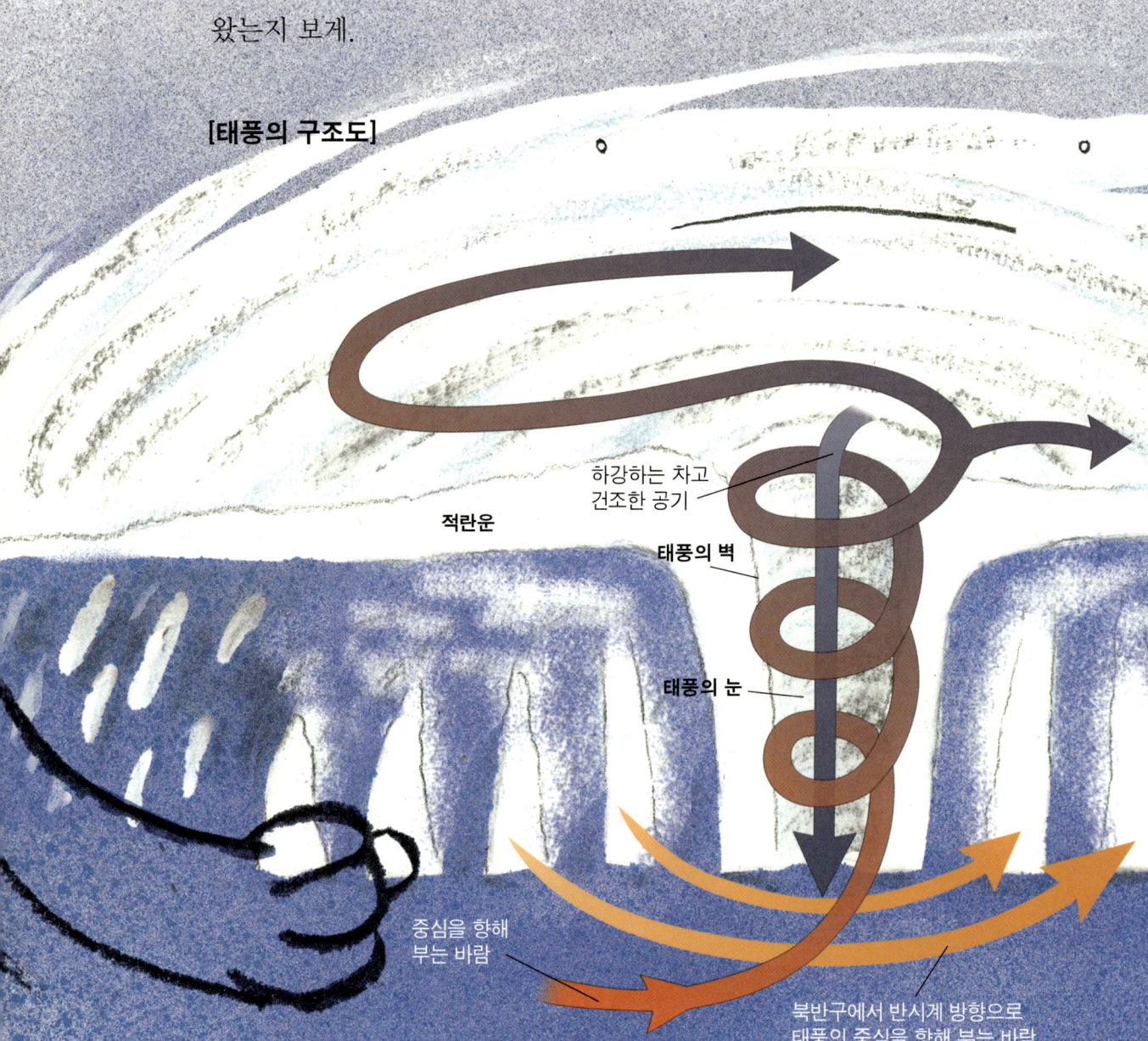

저기 봐! 한반도 남부 지방에 거대한 소용돌이가 있어. 저 친구가 바로 태풍이야. 덩치로 보아 꽤 힘이 세겠는걸. 큰 피해가 없어야 할 텐데…….

태풍은 한반도를 덮을 만큼 크고, 수천 킬로미터를 돌아다녀. 태풍도 어찌 보면 토네이도와 비슷해. 빙글빙글 도는 바람이니까 말이야. 태풍은 엄청나게 큰 토네이도인 셈이지.

　토네이도에 비하면 태풍은 덩치도 훨씬 크고 힘도 센 거인과 같아. 흔히 태풍은 비를 데리고 나타나. 세차게 몰아치면서 엄청난 비를 뿌려. 때로는 화가 나서 번쩍번쩍 번개를 치고 우박을 뿌리기도 하지. 태풍은 우리 바람 중에서 가장 난폭하고 무시무시한 바람이지. 솔직히 나처럼 작은 바람들은 태풍을 친구라고 말하기가 좀 그래. 태풍 앞에서는 고양이 앞에 쥐처럼 벌벌 떨거든. 에고, 창피해!

태풍은 북태평양에서 만들어져 아시아로 불어오는 열대 저기압이야.

　태풍의 고향은 북태평양의 따뜻한 열대 바다야. 충분한 열과 수증기가 있고, 여기에 저기압이 발생하면 태풍이 만들어질 가능성이 높아

져. 기압이 낮으면 주변에서 공기가 몰려들고, 모여든 공기가 상승하면서 빠르게 도는 커다란 바람이 만들어져. 그렇다고 태풍이 처음부터 커다랗고 힘이 센 것은 아니야. 대부분은 나타났다 힘도 못 써 보고 바로 사라져. 하지만 일부는 따뜻한 바다에서 열을 계속 얻어서 점점 세지는 것도 있어. 그럼 지름이 수백 킬로미터에 이르는 거대 태풍이 되는 거야.

태풍이 바다에서 만들어져서 바다에서 사라진다면 아무 문제가 없을 거야. 하지만 태풍은 엄청난 규모로 소용돌이치면서 이동해. 보통 북태평양 남서부에서 만들어져 아시아 동부로 불어오는데, 그 이동 속도가 시속 20~50킬로미터쯤 돼. 이런 태풍이 육지로 올라오면, 나무가 뽑히고 건물이 부서지며 도로가 무너져. 또 태풍이 몰고 오는 폭우로 홍수가 나기도 하지. 심하면 사람이 죽기도 해.

태풍은 길게는 1개월에서 짧게는 며칠을 살면서 사람들에게 엄청난 피해를 입혀. 토네이도는 좁은 지역에서 집중적으로 피해를 입히며 몇 분 있다 사라지지만, 태풍은 그보다 넓은 지역에서 긴 시간 동안 머물기 때문에 피해가 더 커.

한반도에는 해마다 여름에서 가을쯤에 태풍이 몇 차례 찾아와. 이때 네가 만나는 태풍은 바로 북태평양에서 태어난 열대 저기압이야. 그렇다고 열대 저기압이 북태평양에서만 태어나는 것은 아니야. 다른 바다에서도 태어나기 때문에 이름이 여럿이야. 열대 저기압은 태어난 곳에 따라 부르는 이름이 달라.

북태평양 남서쪽에서 태어나 필리핀과 일본, 한국 등지로 찾아오는 열대 저기압은 **태풍**, 인도양에서 태어나 인도와 파키스탄 등지로 찾아오는 열대 저기압은 **사이클론**이라고 불러. 또 카리브 해와 대서양 서쪽에서 태어나 미국 동부로 찾아오는 열대 저기압은 **허리케인**, 오스트레일리아 북쪽의 주변 바다에서 태어나 오스트레일리아로 찾아오는 열대 저기압은 **윌리윌리**라고 부르지.

태풍은 인정사정없는 파괴자야. 그래서《오즈의 마법사》

같은 재미있는 모험 이야기도 없어. 이 친구가 찾아오면 산과 계곡에서 불던 바람 친구들도 속수무책이야. 태풍이 지나갈 때까지 숨죽이고 있지.

그런데 요즘 태풍이 점점 거칠어지고 있대. 더구나 태풍은 그 책임을 사람들에게 돌리고 있어. 무슨 말이냐고? 태풍이 거칠어지고 있는 이유는 바람의 고향인 대기와 관계가 깊어. 그렇다면 먼저 대기에 대해 잠시 이야기하기로 해.

열병에 걸린 지구

앞에서, 대기는 지구를 둘러싸고 있는 공기라고 했어. 생각나지? 그런데 이 대기가 아주 중요한 일을 하고 있어. 그게 뭐냐 하면, 지구를 따뜻하게 보호하는 일이야.

겨울에 네가 벌거벗고 있다면 몸의 열이 빠져나가서 엄청 추울 거야. 그래서 옷을 입어야 해. 물론 빠져나가는 열을 옷으로 모두 막을 수는 없지만 잠시 붙들어 둘 수는 있어. 그러면 옷 안의 공기가 데워져서 맨살에 찬 공기가 직접 닿을 때보다 따뜻하지. 이렇게 옷은 바깥의 찬 공기가 몸에 직접 닿지 않도록 하면서, 동시에 몸에서 빠져나가는 열을 잠시 붙들어 두어서 몸을 따뜻하게 유지시켜 줘. 대기도 마찬가지야.

대기는 지구를 따뜻하게 보호하는 지구의 옷이야.

유리로 막힌 온실 안은 바깥보다 따뜻해. 유리가 온실 안에서 밖으로 빠져나가는 열을 붙들어 두기 때문이지. 지구의 대기는 온실의 유리와 비슷한 역할을 해. 그래서 과학자들은 대기가 지구를 따뜻하게 보호하는 현상을 **온실 효과**라고 불러. 대기가 없어서 온실 효과가 일어나지 않으면 지구는 낮에는 햇빛을 그대로 받아서 아주 뜨거워지고, 반대로 밤에는 열을 모두 지구 밖으로 빼앗겨 꽁꽁 얼어붙을 정도로 추워질 거야.

그런데 옷을 너무 많이 껴입으면 어때? 몸의 열이 잘 빠져나가지 못해서 덥잖아. 지구에도 이와 비슷한 일이 일어나고 있어. 대기에 변화가 생겨 열이 잘 빠져나가지 못하고, 그 결과 지구가 점점 뜨거워지는 거지. 이렇게 지구의 기온이 높아지는 현상을 **지구 온난화**라고 해.

지구의 대기는 여러 가지 기체로 이루어져 있어. 이 가운데서

[지구 온난화가 일어나는 원리]

햇빛의 대부분은 지표면에 흡수되어 지구를 따뜻하게 만들어. 그리고 지표면에 흡수되었던 열의 일부는 다시 지구 밖으로 나가기 때문에 지구의 평균 기온이 일정하게 유지돼. 그런데 온실가스가 많아지면 지구 밖으로 나가던 열 가운데 일부가 다시 지표면으로 되돌아오기 때문에 지구가 점점 더워져. 이것을 온난화 현상이라고 해.

온실가스

이산화탄소와 메탄, 오존 같은 기체는 지구 밖으로 빠져나가는 열을 흡수하여 다시 지구로 내놓아. 대기 중에 있는 이런 기체 덕분에 지구가 따뜻하게 유지되는 거야. 즉, 온실 효과가 일어나는 거지. 이렇게 온실 효과를 일으키는 가스를 통틀어 **온실가스** 또는 **온실 기체**라고 해.

그런데 대기 중에 온실가스가 많아지면 어떻게 될까? 온실가스가 흡수하여 지구로 내놓는 열이 많아지기 때문에 지구의 평균 기온이 높아지게 돼.

대기 밖으로 빠져나가는 열

자동차나 공장, 화력 발전소에서 나오는 이산화탄소와 메탄 같은 온실가스 때문에 대기 밖으로 빠져나가지 못하는 열

이산화탄소

지구 온난화 때문에

마실 물이 부족해져.

결국 지구 온난화는 온실 효과가 심해져서 기온이 점점 높아지는 현상이야.

그럼 대기 중에 온실가스가 많아지는 이유는 무엇일까? 그건 바로 사람들 때문이야. 물론 사람들이 숨을 쉴 때도 이산화탄소가 나오지만, 그 양은 많지 않아. 대기 중 이산화탄소의 대부분은 물질을 태울 때 나와. 사람들이 에너지를 얻으려고 석탄이나 석유를 태울 때 엄청난 양의 이산화탄소가 나오거든. 메탄은 생물이 썩을 때 주로 나오는 기체야. 방귀에도 많이 섞여 있지.

좀 우스운 이야기 하나 할까? 소 같은 가축의 트림과 방귀도 지구 온난화에 영향을 끼친대. 몇 년 전 뉴질랜드 정부는 양과 소의 트림과 방귀에 세금을 물리려고

극지방의 빙하가 녹아.

적도 지방에는 사막이 넓어져.

사라지는 동물이 생겨.

먹을 것이 부족해져.

했대. 그 세금으로 지구 온난화 연구에 필요한 돈을 마련할 생각이었대. 물론 실제로 세금을 걷지는 않았지만 말이야. 뉴질랜드의 인구는 400만 명쯤이야. 그런데 양은 4600만 마리나 되고, 소는 900만 마리나 된대. 그러니까 이들 가축이 뿜어내는 메탄의 양은 장난이 아닐 거야. 그래서 이런 재미있는 생각도 했겠지.

지구는 점점 뜨거워지고 있어. 지구가 열병에 걸린 거야. 그리고 지구 온난화로 생긴 문제들이 여기저기에서 나타나고 있어. 극지방의 얼음이 녹고, 바닷물의 높이가 올라가 섬이 조금씩 물에 잠기고 있어. 또 사라지는 동식물이 하나둘 늘고 있어. 그런데 지구가 열병에 걸린 게 태풍과 무슨 관계인지 모르겠다고? 기다려 봐! 지금 막 그 이야기를 하려던 참이야.

섬나라가 물에 잠겨.

난폭해진 바람을 달래려면

world 토픽

2005년 8월 29일, 미국 남동부 해안의 뉴올리언스에 카트리나라는 이름의 엄청난 허리케인이 찾아왔어.

한반도를 덮을 만큼 큰 카트리나는 최대 시속 280킬로미터의 바람을 몰고 왔지. 세찬 바람에 나무가 쓰러지고, 자동차는 물론 집도 크게 부서졌어. 게다가 강둑마저 무너져 도시 전체가 물에 잠겼어.

카트리나 때문에 1800명이 넘는 사람이 죽었고, 재산 피해도 75조 원에 이르렀대.

최근에 카트리나 같은 허리케인, 다시 말해 열대 저기압이 세계 곳곳에서 큰 피해를 입히고 있어.

과학자들은 열대 저기압이 점점 거칠어지고 있는 이유가 바로 지구 온난화 때문이라고 주장하고 있어.

지구 온난화 때문에 바닷물의 온도도 점점 높아지고 있어. 그런데 바닷물의 온도가 높아지면 열대 저기압은 바다에서 더 많은 열과 수증기를 얻으니까 그 크기가 커지는 거야. 바다를 지나는 동안 끊임없이 열과 수증기를 얻으며 열대 저기압은 더욱 커지게 돼. 육지에 다다를 즈음이면 열대 저기압은 엄청나게 커지기 때문에 사람들에게 큰 피해를 입히는 거야.

지구 온난화 때문에 한반도를 찾아오는 태풍도 점점 거칠어지고 있대. 2003년 9월에 한반도를 찾아온 태풍 매미는 순간 최고 속도가 초속 60미터에 달했어. 미국의 합동태풍경보센터에서는 순간 최고 속도가 초속 65미터, 그러니까 바람의 속도가 시간당 234킬로미터 이상인 태풍을 **슈퍼 태풍**으로 구분해. 매미는 슈퍼 태풍에는 미치지 못했지만 위력이 대단했어. 언젠가는 한반도에도 슈퍼 태풍이 찾아올 거라고 경고하는 과학자들도 있어.

사람들은 편리한 생활을 하는 데 필요한 에너지를 얻기 위해서 점점 더 많은 석탄과 석유를 태우고 있어. 이대로 계속되면 대기 중의 이산화탄소가 많아져서 지구 온난화는 더욱 빠르게 진행될 거야. 지난 100년 동안 지구의 평균 기온은 섭씨 0.6도쯤 높아졌대. 또 앞으로 100년 후에는 지구의 평균 기온이 섭씨 1~3도쯤 높아질 거래. 평균 기온이 섭씨 3도쯤 높아진다면 기후가 바뀌고 생태계도 변할 거야. 가뭄과 홍수 같은 기상 이변이 생기고, 불볕더위나 폭염, 더 강력해진 열대 저기압으로 사람들은 큰 피해를 입게 돼.

그렇다면 난폭해진 열대 저기압을 달랠 길은 없을까? 그건 간단해. 한마디로 지구 온난화를 막으면 돼. 지구 온난화를 일으키는 이산화탄소나 메탄을 줄이거나 없애는 거지. 그러려면 사람들이 먼저 욕심을 줄여야 해. 그게 무슨 말이냐고? 잘 들어 봐. 너도 할 수 있는 일이 있으니까.

사람들은 고기를 너무 좋아해. 고기를 먹으려고 소와 양과 돼지 같은 가축을 기르지. 그런 가축들이 내뿜는 메탄이 지구를 뜨겁게 만들고, 그 결과 바람이 거칠어져. 고기를 덜 먹고 곡물과 채소를 많이 먹어 봐. 가축을 많이 기르지 않아도 되니까 메탄의 양도 많이 줄어들 거야. 그럼 바람도 온순해지지 않겠어?

또 가까운 곳은 걸어 다니고 자전거를 많이 이용하는 거야. 먼 곳은 버스나 지하철 같은 대중교통을 이용하는 게 좋아. 그럼 자동차를 덜 이용하니까 이산화탄소도 줄어들 거야. 공기는 깨끗해

지구를 위해서

먼 거리는 대중교통을 이용해.

지고 몸도 튼튼해지니 일석이조 아니겠어?

음식이나 물건을 아끼는 것도 바람을 달래는 좋은 방법이야. 학용품이나 옷, 신발 같은 물건을 만들려면 공장을 돌려야 해. 그럼 전기가 많이 들지. 전기를 만들려면 발전소에서 석탄이나 석유를 태워야 하는데, 그때 이산화탄소가 많이 나오잖아. 공장에서 만드는 햄이나 치즈 같은 가공식품을 만들 때도 공장을 돌려야 하기 때문에 이산화탄소가 많이 나와.

숲을 가꿔도 이산화탄소를 줄일 수 있어. 식물은 이산화탄소를 빨아들여 영양분을 만들거든. 또 산불을 막아야 해. 불이 나면 이산화탄소가 나오잖아.

가까운 거리는 자전거를 이용해.

에너지 효율이 높은
전구를 사용해.

고기를 덜 먹어
가축을 줄여.

과학자들은 지구 온난화를 막으려고 새로운 에너지를 개발하고 있어. 태양 에너지를 이용하면 석탄이나 석유 없이도 전기를 만들 수 있어. 우리 바람이나 지열을 이용해 전기를 만들기도 하지. 석탄이나 석유는 여러 가지 오염 물질을 뿜어낼 뿐 아니라 오래 쓰면 바닥이 나. 하지만 햇볕, 바람, 지열 같은 재생 에너지는 깨끗하면서도 끝없이 쓸 수 있지. 최근에는 **식물 연료**도 본격적으로 개발되고 있어. 식물 연료는 **바이오 연료**라고도 하는데, 콩이나 옥수수, 사탕수수 같은 식물이 재료야. 식물 연료는 이산화탄소를 적게 배출하기 때문에 온난화 문제도 줄일 수 있대.

나무를 심자

재활용 종이를
사용해.

쓰지 않는 플러그는
빼 놓아.

우리 바람은 자연의 일부야. 또한 사람이 살아가는 데 큰 영향을 주고 있지. 아주 옛날, 사람의 힘이 약했을 때에는 자연이 사람의 운명을 좌우했어. 그런데 사람의 힘이 세지면서 사람이 자연에 큰 영향을 주게 되었지. 그렇다고 사람이 자연을 마음대로 움직일 수 있다는 건 아니야. 자연의 힘은 사람이 생각하는 것보다 훨씬 더 대단하거든.

이제 너도 사람이 자연을 훼손하면 그 피해가 사람에게 되돌아온다는 것을 알게 되었을 거야. 사람도 자연의 일부로서 자연의 질서에 따라 살아가야 해. 사람과 바람이 잘 어울리며 살아가는 것, 그게 바로 나의 작은 바람이야.

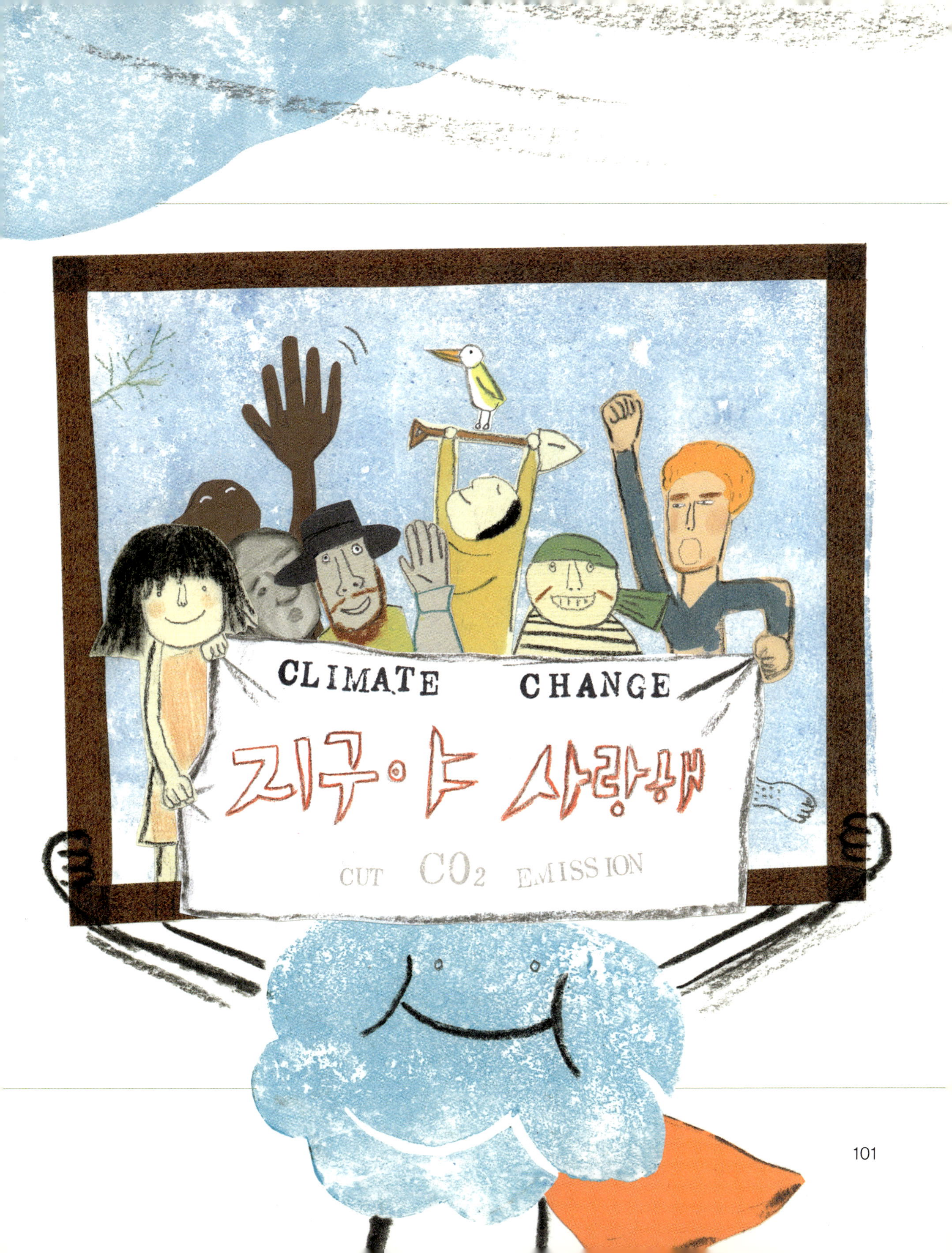
CLIMATE CHANGE
지구야 사랑해
CUT CO_2 EMISSION

마치며

나와 함께한 여행이 어땠니?
네 주위에 많은 바람 친구들이 있다는 걸 알게 되었다고?
그래, 공기가 있는 곳이면 어디든 우리 바람이 있다는 사실을 기억해 줘!
긴 여행을 했더니, 난 좀 피곤해.
저기, 토네이도가 다가오네! 다시 야무진 과학씨로 돌아갈 시간이야.
야무진 과학씨로 돌아가면 한숨 푹 자야겠어. **안녕~**

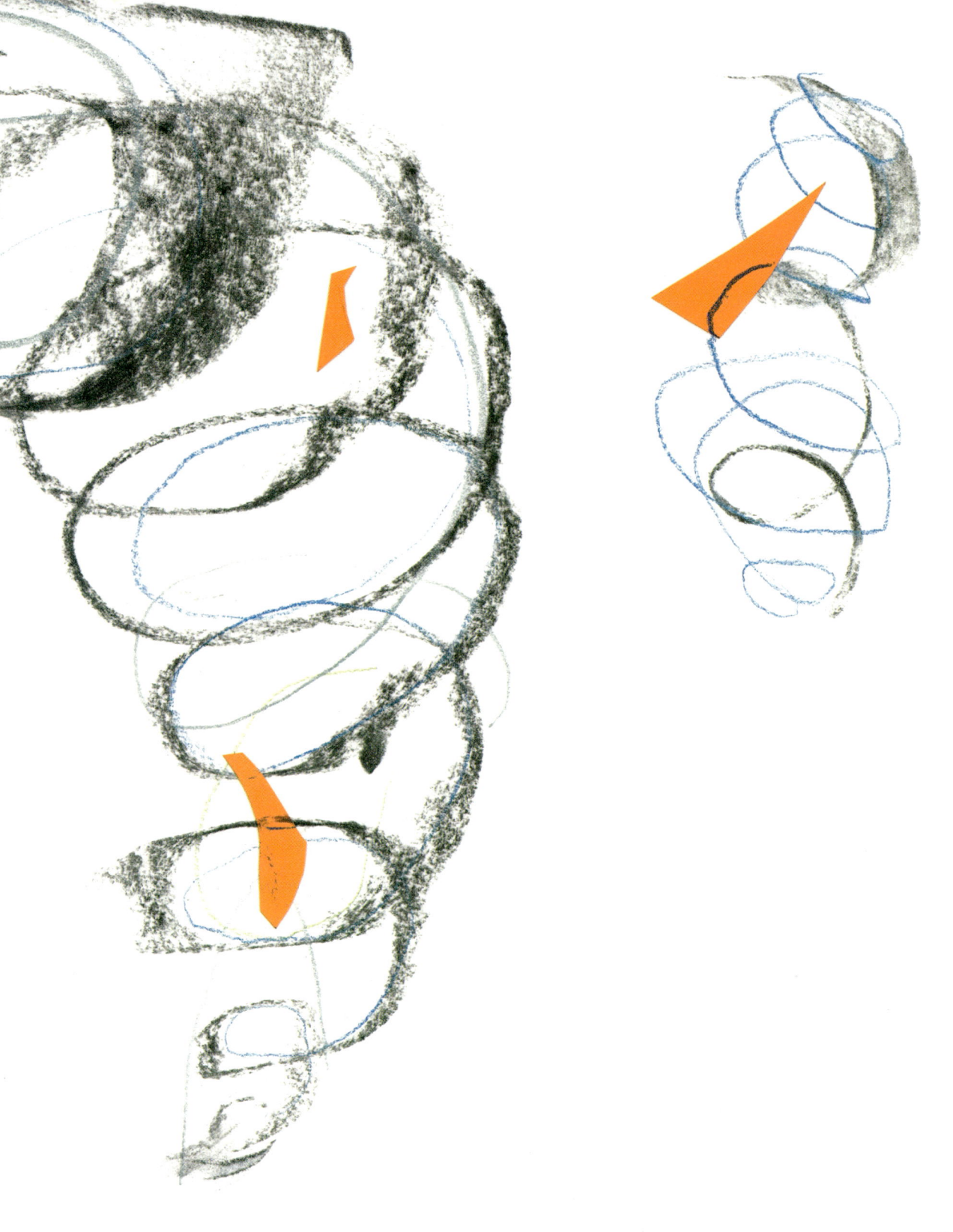

계절풍

계절에 따라 주기적으로 일정한 방향으로 부는 바람이야. 영어로는 몬순(Monsoon)이라고 해. 계절풍이 부는 이유는 대륙이 해양보다 빠르게 데워지고 또 빠르게 식기 때문이지. 북반구의 여름에는 대륙이 해양보다 따뜻해. 그래서 대륙의 공기가 위로 올라가고 해양에서 따뜻하고 습한 남동풍이 불어와. 반대로 북반구의 겨울에는 대륙보다 해양이 따뜻해. 그래서 해양의 공기가 위로 올라가고 대륙에서 차갑고 건조한 북서풍이 불어와.

무역풍

적도는 햇볕이 아주 강하게 내리쬐는 곳이야. 이곳에서는 늘 따뜻하게 데워진 공기가 하늘 위로 올라가. 이 공기는 북반구와 남반구의 북쪽과 남쪽으로 각각 이동하다가 위도 30도 근처에서 땅으로 내려와. 그리고 다시 적도를 향해 불어. 이때 바람은 북반구에서는 오른쪽, 남반구에서는 왼쪽으로 구부러져. 이렇게 적도를 따라 서쪽으로 나란히 부는 바람을 무역풍이라고 해. 무역풍은 북반구에서는 북동풍, 남반구에서는 남동풍이 돼. 옛날 사람들은 일 년 내내 끊임없이 부는 무역풍을 이용해 이 나라 저 나라 항해하며 무역을 했대.

고기압과 저기압

기압은 대기의 압력을 말해. 보통 지표에는 1기압의 압력이 작용해. 하지만 기압은 대기의 상태에 따라서 조금씩 달라지기 때문에 장소에 따라서 기압도 달라져. 주변보다 높은 기압을 고기압, 주변보다 낮은 기압을 저기압이라고 해. 기압의 단위는 hPa(헥토파스칼)이고, 1기압은 약 1013hPa(헥토파스칼)이야.

보퍼트(1774~1857)

해양학과 기상학에 뛰어난 업적을 남긴 영국의 해군 장교야. 보퍼트가 살던 때에는 군함이 모두 범선이었어. 범선은 커다란 돛을 단 배인데 바람이 세게 불어야만 움직일 수 있었지. 보퍼트는 군함의 속도를 얼마만큼 낼 수 있느냐에 따라 바람의 세기에 등급을 매겼어. 그 등급을 보퍼트의 풍력 계급이라고 해. 보퍼트의 풍력 계급은 원래 해상용이었지만, 지금은 바람의 세기를 나타내는 기준으로 널리 쓰이고 있어.

지구 온난화

대기는 지구를 따뜻하게 데우는 역할을 해. 지구에서 빠져나가는 열을 가두는 거지. 대기를 이루는 기체 중에서 주로 이산화탄소, 메탄 따위가 지구 밖으로 빠져나가는 열을 다시 지구로 보내고 있어. 그런데 대기에 이산화탄소가 너무 많으면 열이 지구에서 잘 빠져나가지 못하기 때문에 기온이 점점 높아져. 이런 현상을 지구 온난화라고 해. 이산화탄소는 주로 자동차나 공장에서 석유와 석탄을 태울 때 많이 나와.

체감 온도

우리 몸이 느끼는 온도를 말해. 우리가 추위를 느끼는 것은 우리 몸에서 열이 빠져나가기 때문이야. 열은 기온이 낮을수록 우리 몸에서 잘 빠져나가. 게다가 바람이 불면 열이 훨씬 더 빠르게 빠져나가. 바람이 우리 몸 주변의 따뜻한 공기를 밀어내기 때문이지. 그래서 기온이 같아도 바람이 셀수록 우리 몸이 더 춥게 느끼는 거야. 체감 온도는 바람, 습도, 일사량 같은 주변 조건에 따라 달라져.

태풍

열대 저기압으로, 북태평양에서 만들어지는 거대한 소용돌이 바람이야. 태풍이 소용돌이치는 이유는 태풍의 중심이 저기압이기 때문이지. 바람은 주변의 고기압에서 중심의 저기압 쪽으로 불어. 이때 지름 수백 킬로미터의 엄청난 소용돌이가 일면서 태풍이 만들어지는 거야. 북태평양에서 만들어진 태풍은 북쪽으로 이동하면서 우리나라를 지나기도 해. 우리나라에는 해마다 여름에서 가을쯤 태풍이 몇 차례 찾아오는데, 소용돌이치는 바람의 세기가 엄청나기 때문에 큰 피해를 주기도 해.

황사

중국이나 몽골의 사막에서 편서풍을 타고 날아오는 흙먼지, 또는 그런 흙먼지 바람을 말해. 황사는 특히 봄에 많이 나타나. 주로 중국, 우리나라, 일본이 황사의 피해를 입고 있어. 황사는 우리나라에 엄청난 흙먼지를 뿌리기도 하고, 심할 때에는 황사가 태평양을 건너기도 해.

작가의 말

바람은 공기의 흐름, 자연의 숨결

사람은 자연이라는 커다란 울타리 안에서 살아가고 있어요. 공기도 그런 자연의 일부분이지요.
"움직이지 않는 것은 죽은 것이다."라는 말이 있어요. 공기는 잠시도 가만있지 않고 움직이고 있어요. 그런데 그 공기의 움직임이 바로 바람인 거예요. 그러니까 바람도 살아 있다고 할 수 있지요.

옛날 사람들은 바람을 신이라고 생각했어요. 단군 신화에서 환웅이 거느린 세 명의 신, 풍백과 운사와 우사 중에서 풍백이 바로 바람의 신이에요. 운사는 구름의 신, 우사는 비의 신을 뜻해요.
요즘에는 바람을 신으로 생각하는 사람이 없을 거예요. 하지만 바람은 여전히 신처럼 엄청난 능력을 가지고 있어요. 바람은 비와 눈을 몰고 오기도 하고, 더위와 추위를 몰고 오기도 해요. 바람은 배를 움직이기도 하고 풍차를 돌리기도 하지요.

물론 바람이 사람들에게 도움만 주는 것은 아니에요. 태풍은 집을 날려 버리기도 하고, 산더미만 한 파도를 일으켜 배를 뒤집기도 하지요. 바람은 마치 신처럼 사람들에게 기쁨과 슬픔을 주고 있어요.

이 책을 읽고 나면 바람이 어떻게 만들어지는지, 어떤 일을 하는지, 또 사람들이 어떻게 바람과 함께 살아왔는지를 알게 될 거예요. 마지막으로 한 가지 부탁이 있어요. 바람에 대해 아는 것에서 그치지 말고, 바람을 한번 느껴 보라는 거예요.

따스한 봄날, 촉촉한 물기를 품고 남쪽에서 불어오는 산들바람. 이른 아침, 파도와 함께 재잘거리며 해변으로 달려오는 바닷바람. 어쩌면 바람 속에서 풋풋한 풀 내음이나 짭짤한 소금기를 느낄 수 있을지도 몰라요. 그럼 바람이 신비로운 자연의 숨결임을 느낄 수 있을 거예요.

김창호

사진 제공
• ㈜토픽포토에이전시, 이미지클릭

일러두기
• 맞춤법, 띄어쓰기는 국립국어원에서 펴낸 《표준국어대사전》을 기준으로 삼았습니다.
• 외국 인명, 지명은 국립국어원의 《외래어 표기 용례집》을 따랐습니다. 《외래어 표기 용례집》에 나오지 않는 인명, 지명은 현지음에 가깝게 적었습니다.